Il mio primo libro del corpo umano

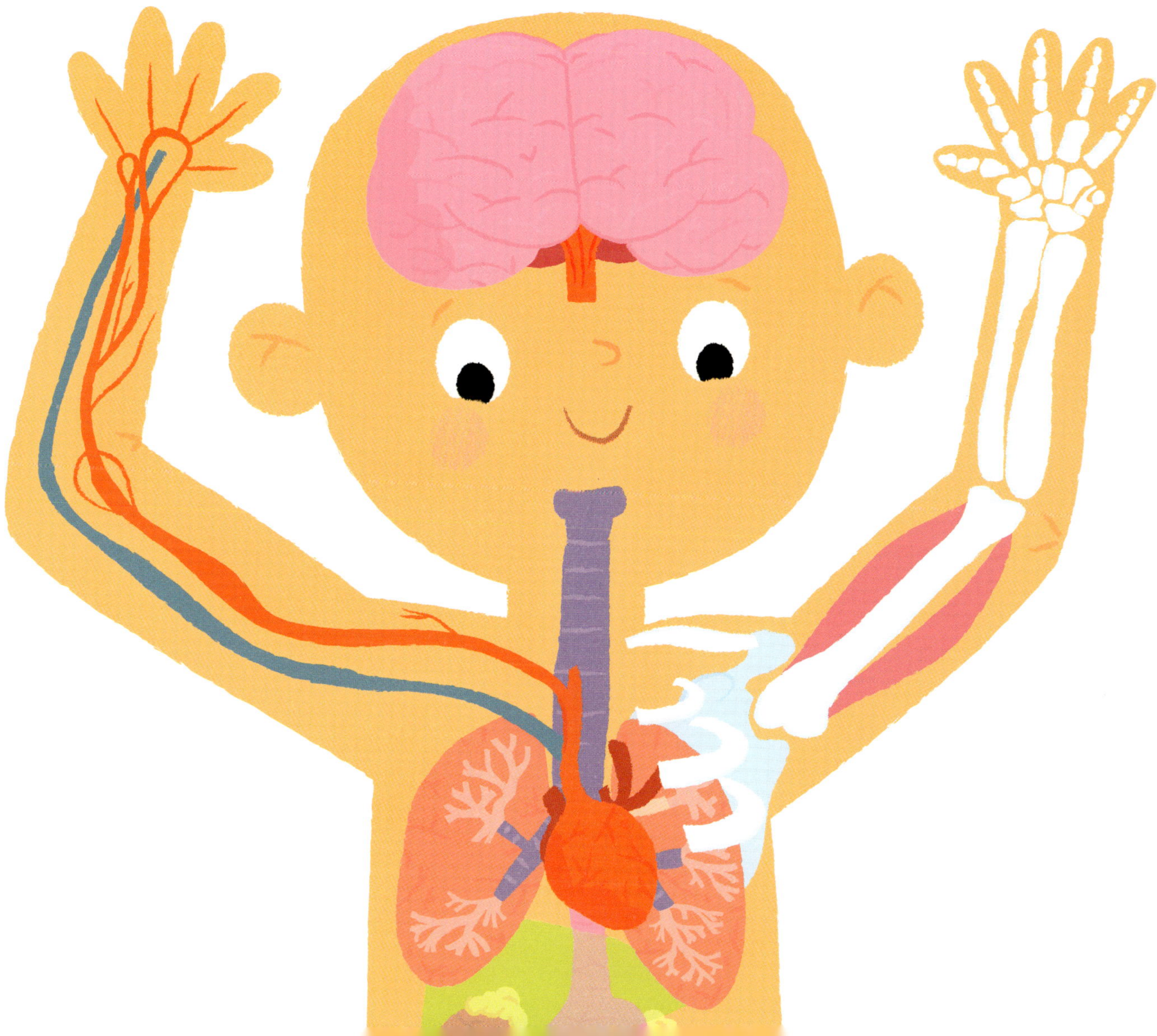

DoReMi è un marchio GRUPPO EDICART

Via Jucker, 28 - Legnano (MI) - Italia

Titolo originale: *First Body Book*

Testi di *Clive Gifford*

Consulenze di *Kristina Routh*

Illustrazioni di *Steven Wood* e *Chris Jevons*

Traduzione dall'inglese di *Giuliana Sana*

www.edicart.it

il mio primo libro del corpo umano

DoReMi

Sommario

Ossa e muscoli forti mi aiutano a giocare.

Il mio cervello mi dice che mi fa male un dito!

Cof! Cof! Non mi sento tanto bene.

Dalla testa ai piedi

Il corpo umano può avere tante forme e dimensioni. Ma è quasi sempre composto dalle stesse parti che svolgono le stesse funzioni.

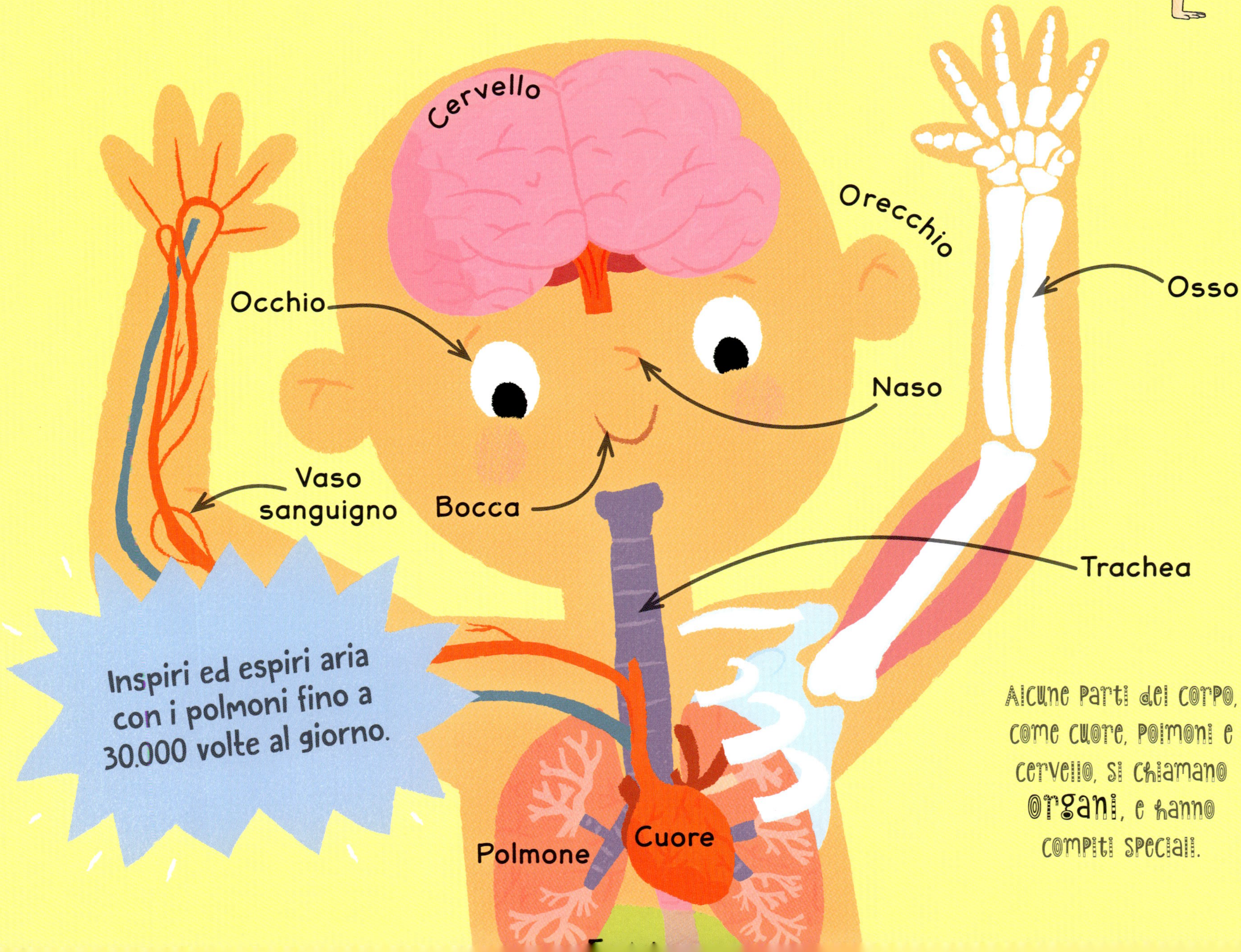

Alcune parti del corpo, come cuore, polmoni e cervello, si chiamano **organi**, e hanno compiti speciali.

Solleva!

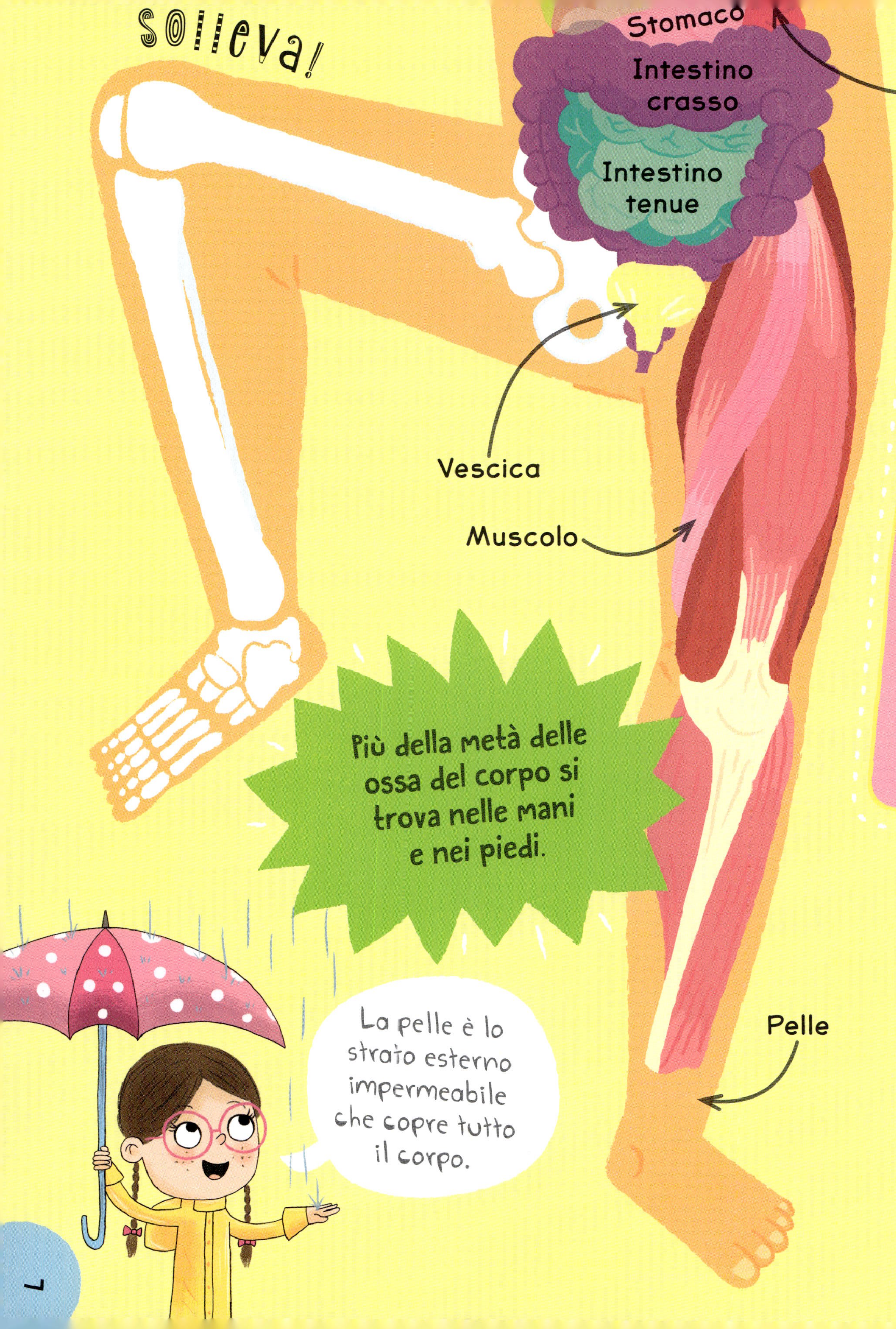

Più della metà delle ossa del corpo si trova nelle mani e nei piedi.

POSSO... FARE COSE SORPRENDENTI!

Pensa alle tue attività preferite e a quali parti del corpo ti aiutano a svolgerle. Fai un elenco di tutte le cose incredibili che può fare il tuo corpo.

Dentro e fuori

Sai che indossi un cappotto anche quando sei senza vestiti? La pelle è una copertura sottile, elastica e impermeabile che protegge il corpo.

Protezione dall'esterno

La pelle evita che i germi entrino nel corpo. È anche ricca di cellule sensoriali, che sono responsabili del senso del tatto.

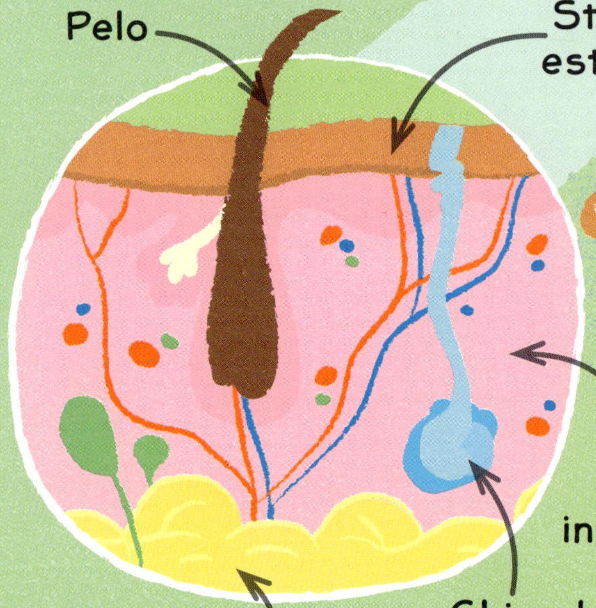

Che sudata!

La pelle rilascia il sudore, costituito principalmente da acqua. Sudare ti aiuta a rinfrescarti. Certe parti del corpo sudano più di altre.

I raggi del sole possono danneggiare la pelle. Ecco perché devi metterti la protezione solare!

POSSO... FARE LE IMPRONTE DIGITALI!

Premi la punta del dito su un tampone d'inchiostro, e poi su un palloncino sgonfio. Lavati le mani e aspetta che l'inchiostro si asciughi. Gonfia il palloncino per vedere la tua impronta. È fatta di cerchi e spirali?

Quanti capelli!

Hai circa 100.000 capelli in testa. In altre parti del corpo crescono milioni di peli!

I capelli crescono in un tubo chiamato follicolo.

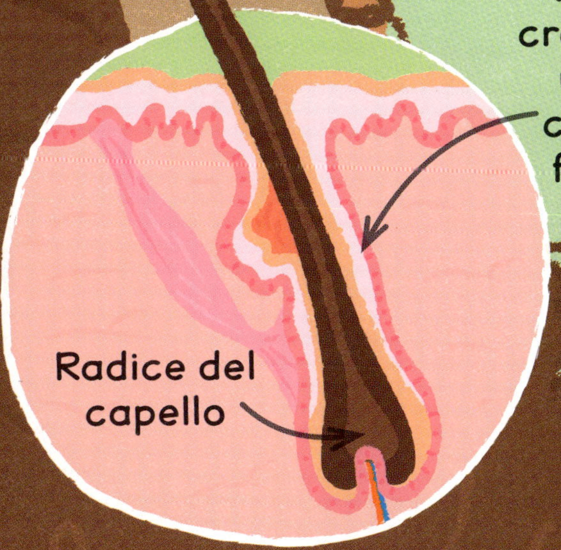

Fuori le unghie!

Le unghie proteggono la punta delle dita. Sono fatte dello stesso materiale dei capelli.

I capelli possono essere lisci, ondulati o ricci.

Le unghie crescono di circa **un centimetro** ogni tre mesi..

Un superscheletro!

Lo scheletro è formato da più di 200 ossa. Sostiene il corpo, ti aiuta a muoverti, protegge parti molto speciali come il cervello, e cresce insieme a te.

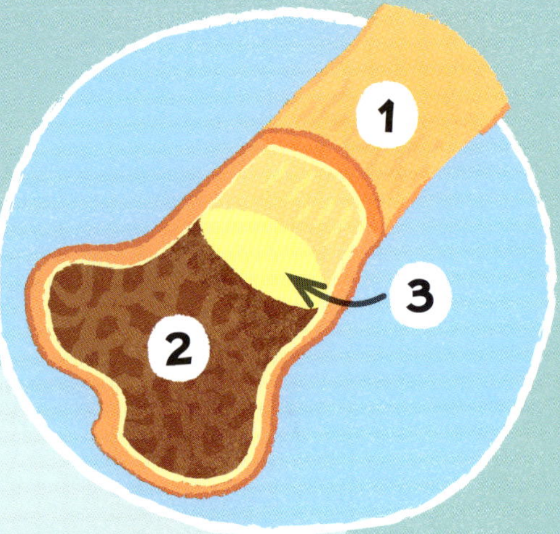

Dentro l'osso

L'esterno dell'osso (1) è duro e resistente. L'interno (2) è fatto a nido d'ape, con tanti forellini, ed è forte ma leggero. In mezzo si trova il midollo, simile a gelatina (3).

Diversi tipi di articolazioni hanno funzioni diverse. Quella del ginocchio ti fa piegare e stendere la gamba. Si chiama ginglimo.

Che movimento!

Un'articolazione è il punto d'incontro tra due o più ossa. Ce ne sono tanti tipi differenti che ti aiutano a muoverti in modi diversi.

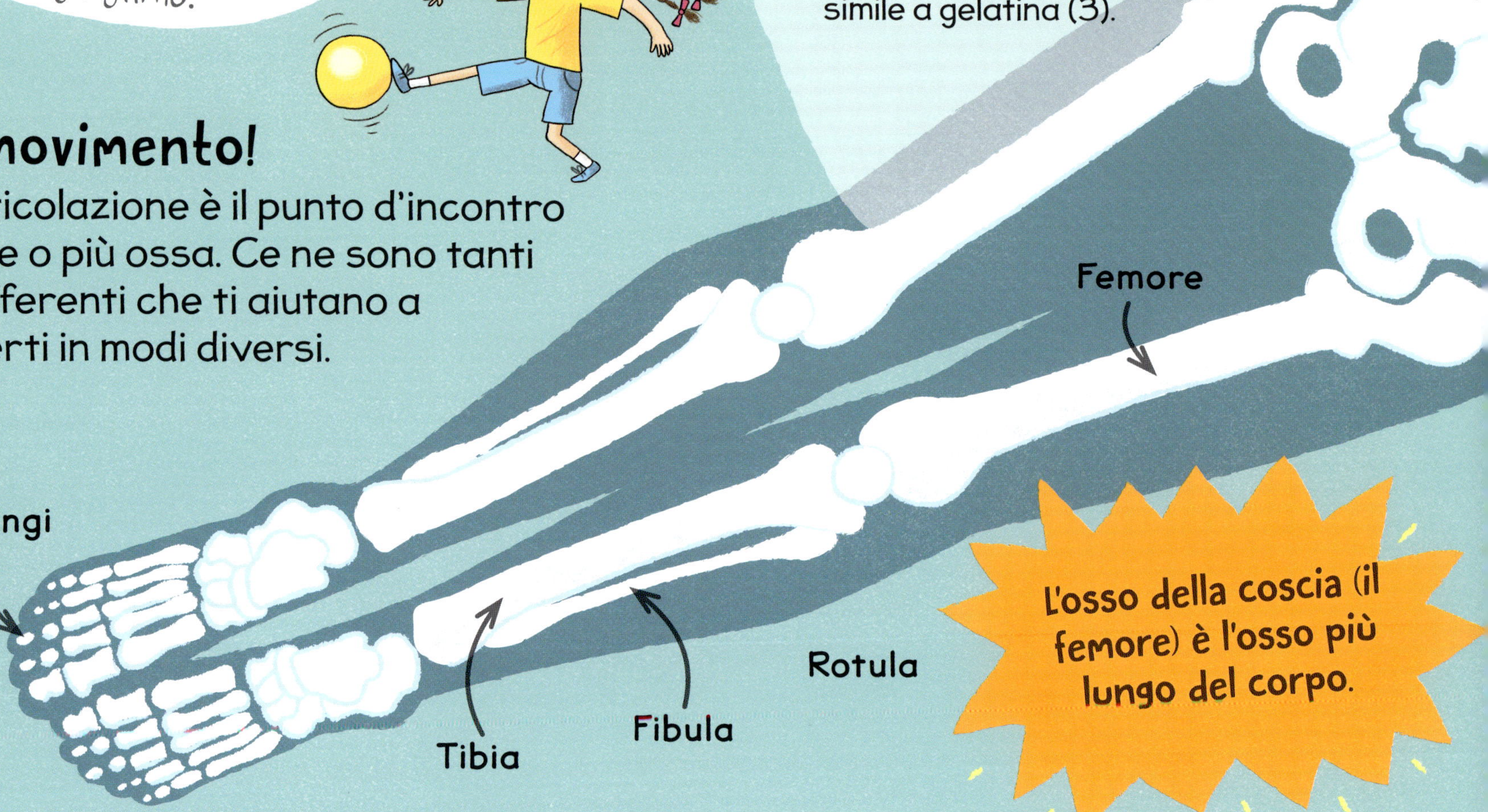

L'osso della coscia (il femore) è l'osso più lungo del corpo.

Alti o bassi?

Ognuno di noi ha uno scheletro un po' diverso. È lo scheletro a dare la forma al corpo, e può essere lungo o corto.

Allunga!

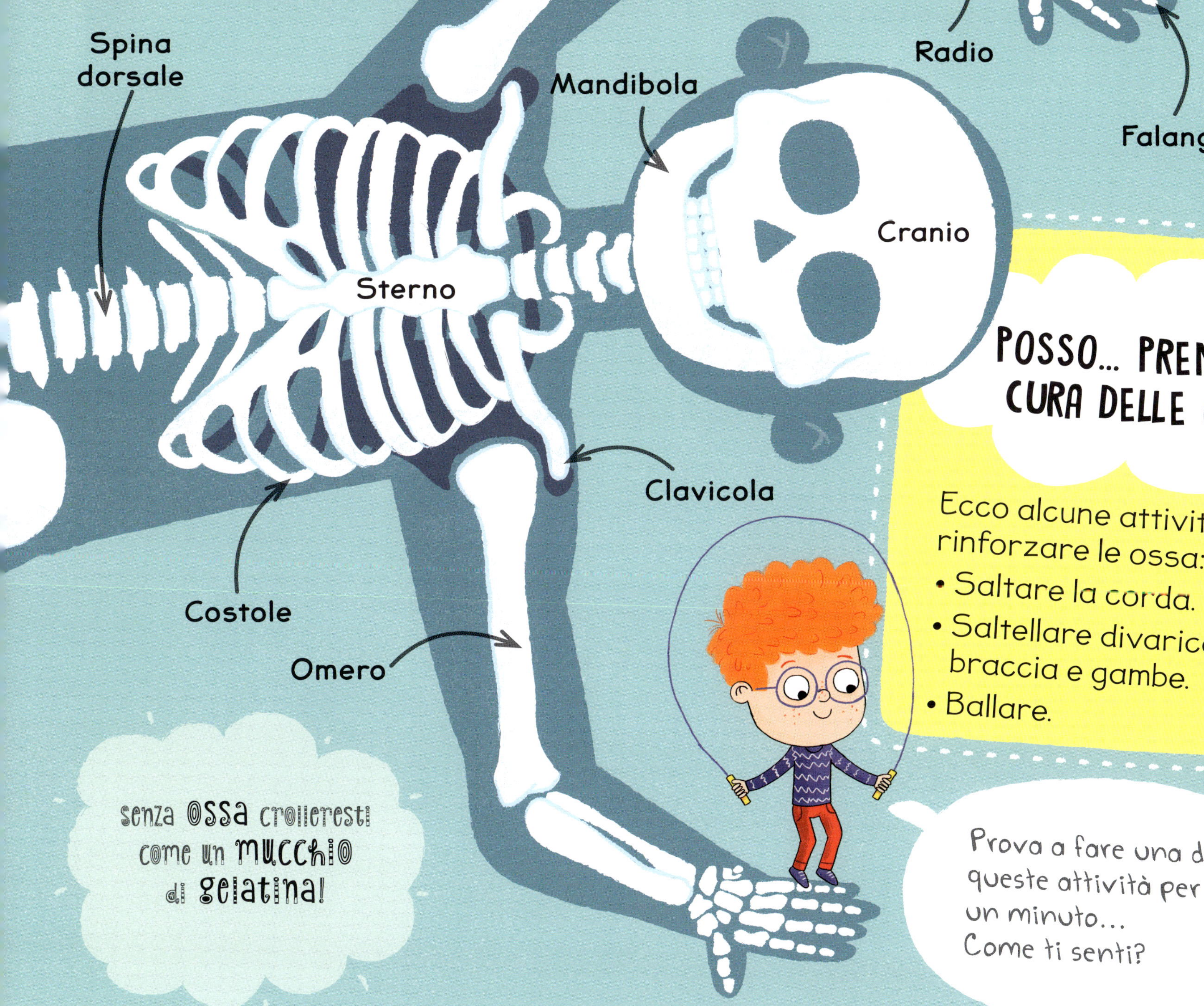

POSSO... PRENDERMI CURA DELLE OSSA!

Ecco alcune attività per rinforzare le ossa:

- Saltare la corda.
- Saltellare divaricando braccia e gambe.
- Ballare.

Prova a fare una di queste attività per un minuto... Come ti senti?

senza ossa crolleresti come un mucchio di gelatina!

Muscoli magici

Ci sono più di 600 muscoli nel corpo. Che tu batta le palpebre o sollevi una borsa pesante, ogni singolo movimento dipende da queste energiche parti del corpo.

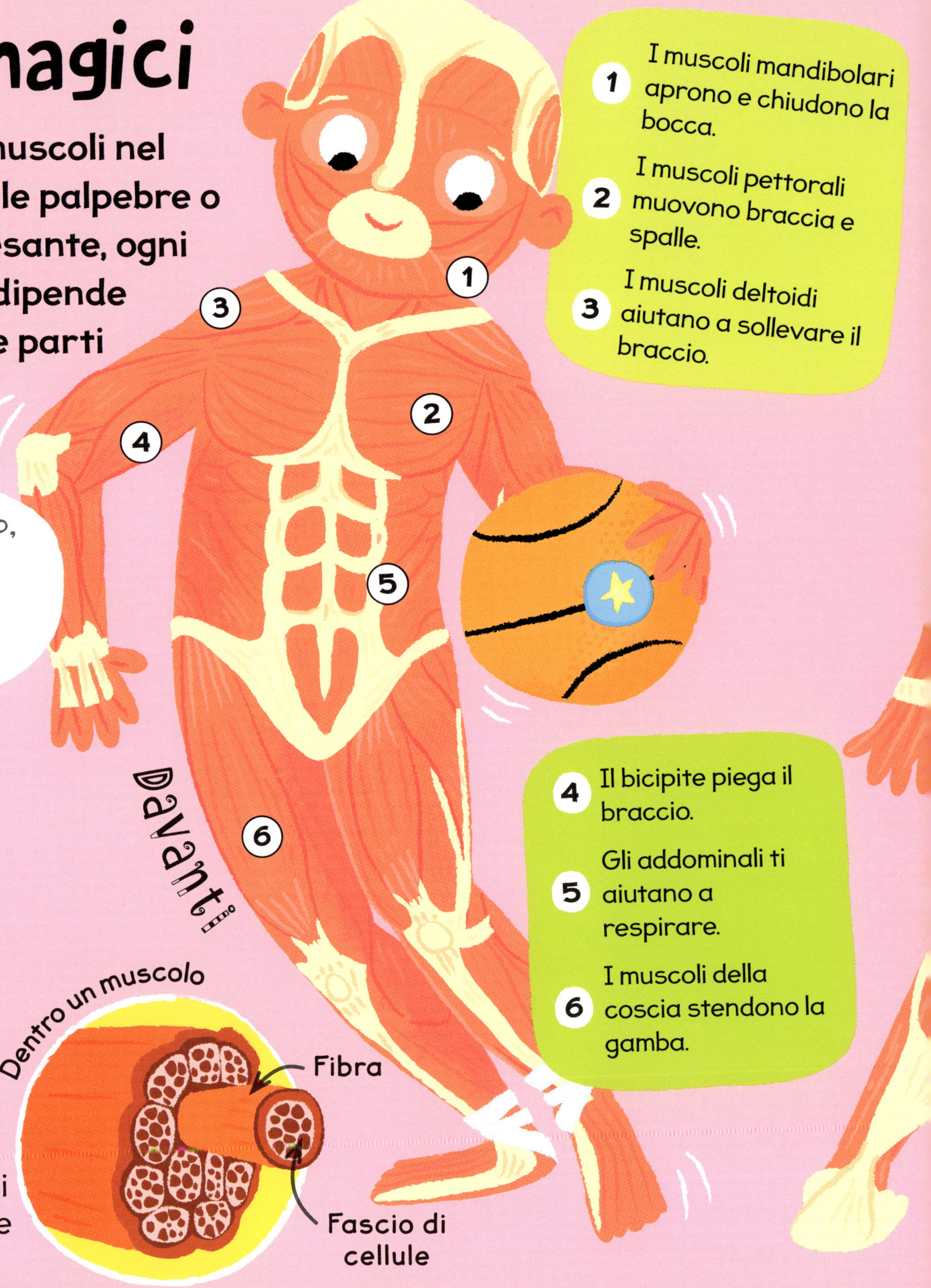

1 I muscoli mandibolari aprono e chiudono la bocca.

2 I muscoli pettorali muovono braccia e spalle.

3 I muscoli deltoidi aiutano a sollevare il braccio.

4 Il bicipite piega il braccio.

5 Gli addominali ti aiutano a respirare.

6 I muscoli della coscia stendono la gamba.

Una forza che trascina

I muscoli sono fatti di fibre. Ogni fibra è formata da cellule sottili e allungate raggruppate in fasci.

7 I muscoli del collo reggono la testa e la fanno muovere.

8 Il tricipite distende il braccio.

9 I muscoli della schiena fanno stare dritti.

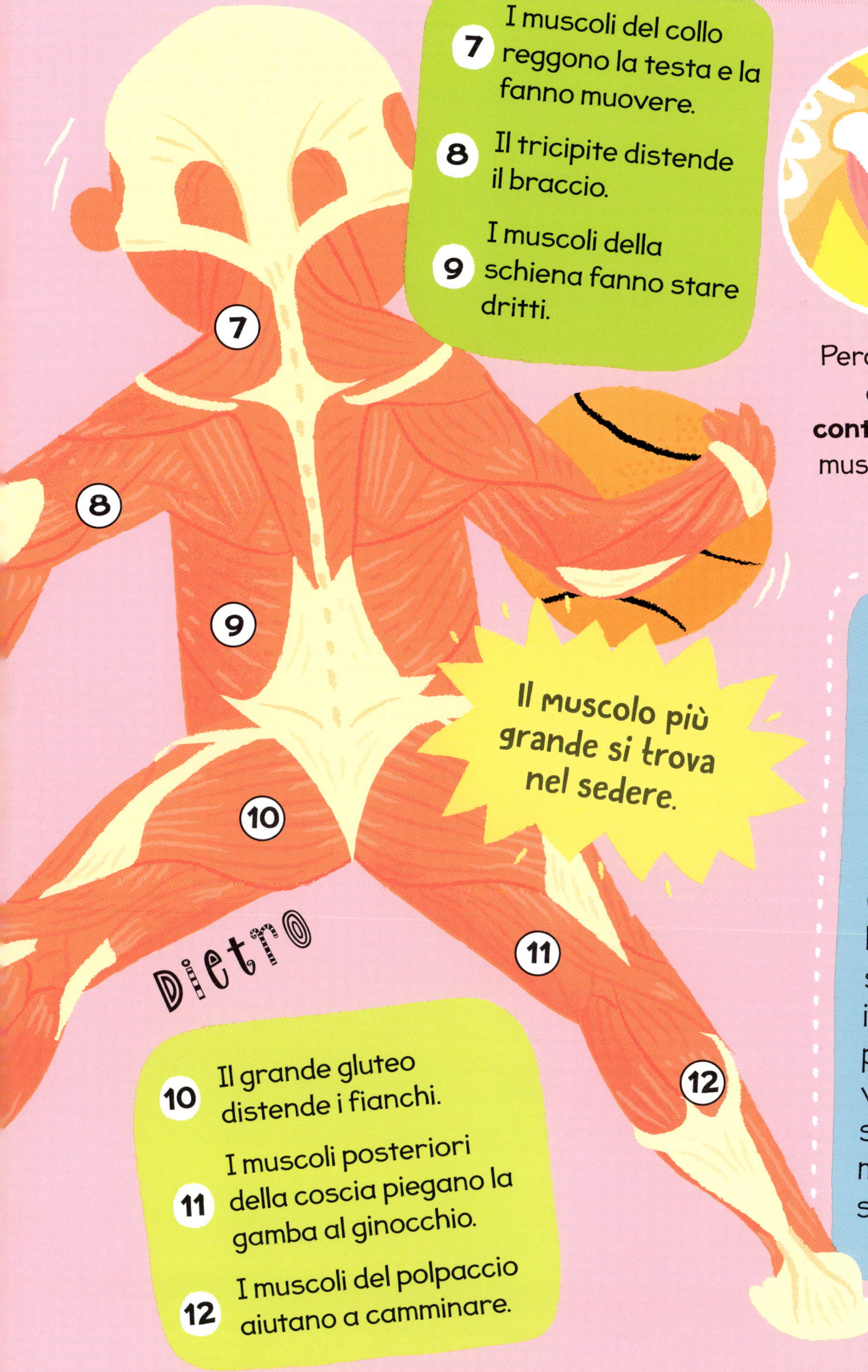

Il muscolo più grande si trova nel sedere.

10 Il grande gluteo distende i fianchi.

11 I muscoli posteriori della coscia piegano la gamba al ginocchio.

12 I muscoli del polpaccio aiutano a camminare.

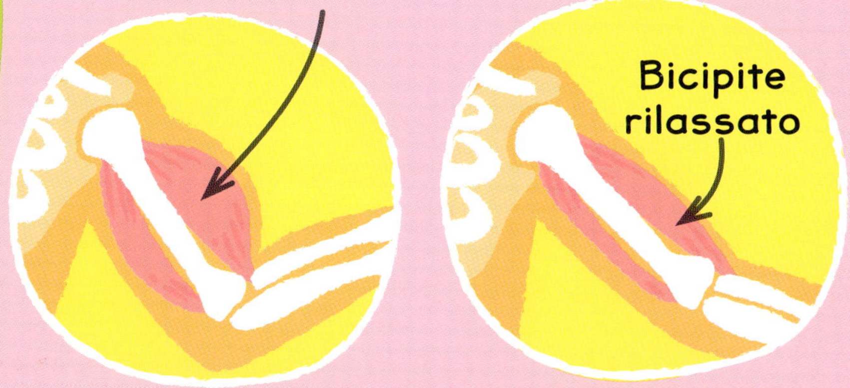

Perché un muscolo tiri una parte del corpo, il cervello gli manda un segnale per far **contrarre** (accorciare) le sue fibre. Quando il muscolo smette di tirare e **si rilassa**, ritorna alla sua lunghezza precedente.

POSSO... FLETTERE I MUSCOLI!

Con il braccio rilassato e steso lungo il fianco, metti una mano sul bicipite. Ora piega il braccio al gomito, portando la mano verso la spalla: sentirai che il muscolo del bicipite si accorcia!

Un po' di moto

Le articolazioni sono i punti in cui si incontrano le ossa. Alcune sono fisse, come quelle tra le ossa del cranio. Molte altre permettono al corpo di muoversi in varie direzioni.

Il **gomito** è un **ginglimo.** Funziona come i cardini di una porta: si apre o si chiude per piegare o distendere il braccio.

Il **collo** ha un'**articolazione a perno**. Permette alla testa di girare verso destra e sinistra.

La **spalla** è un'**articolazione sferoidale**. Permette i movimenti in svariate direzioni.

Nei piedi ci sono articolazioni speciali con ossa che scivolano una nell'altra: ecco perché sono così flessibili!

POSSO... SENTIRE LE ARTICOLAZIONI DELLE DITA!

Muovi le dita delle mani, pollici compresi. Cerca di sentire i diversi punti in cui si piegano e si muovono. Conta quante articolazioni ci sono nelle dita e quante nel pollice.

Ogni osso al suo posto

Le ossa delle articolazioni mobili sono tenute al loro posto da fasce forti ed elastiche, i legamenti. I muscoli sono legati alle ossa da forti cordoni, i tendini.

Articolazione del ginocchio

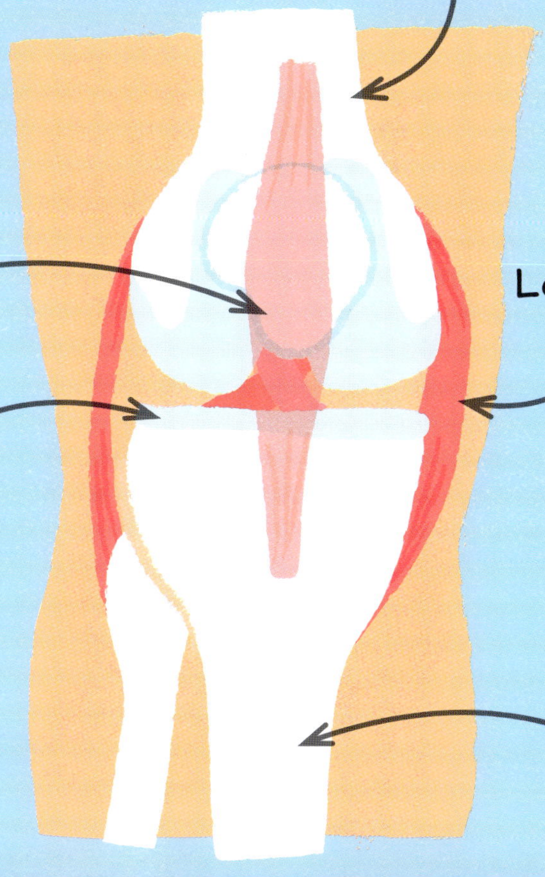

La cartilagine aiuta le ossa dell'articolazione a scivolare una sull'altra.

Nella parte anteriore del cervello pianifichi le cose e risolvi i problemi. (2)

Ahia! Il senso del tatto e la percezione del dolore vengono gestiti qui. (1)

Qui è dove vengono identificati i suoni: si chiama lobo temporale. (3)

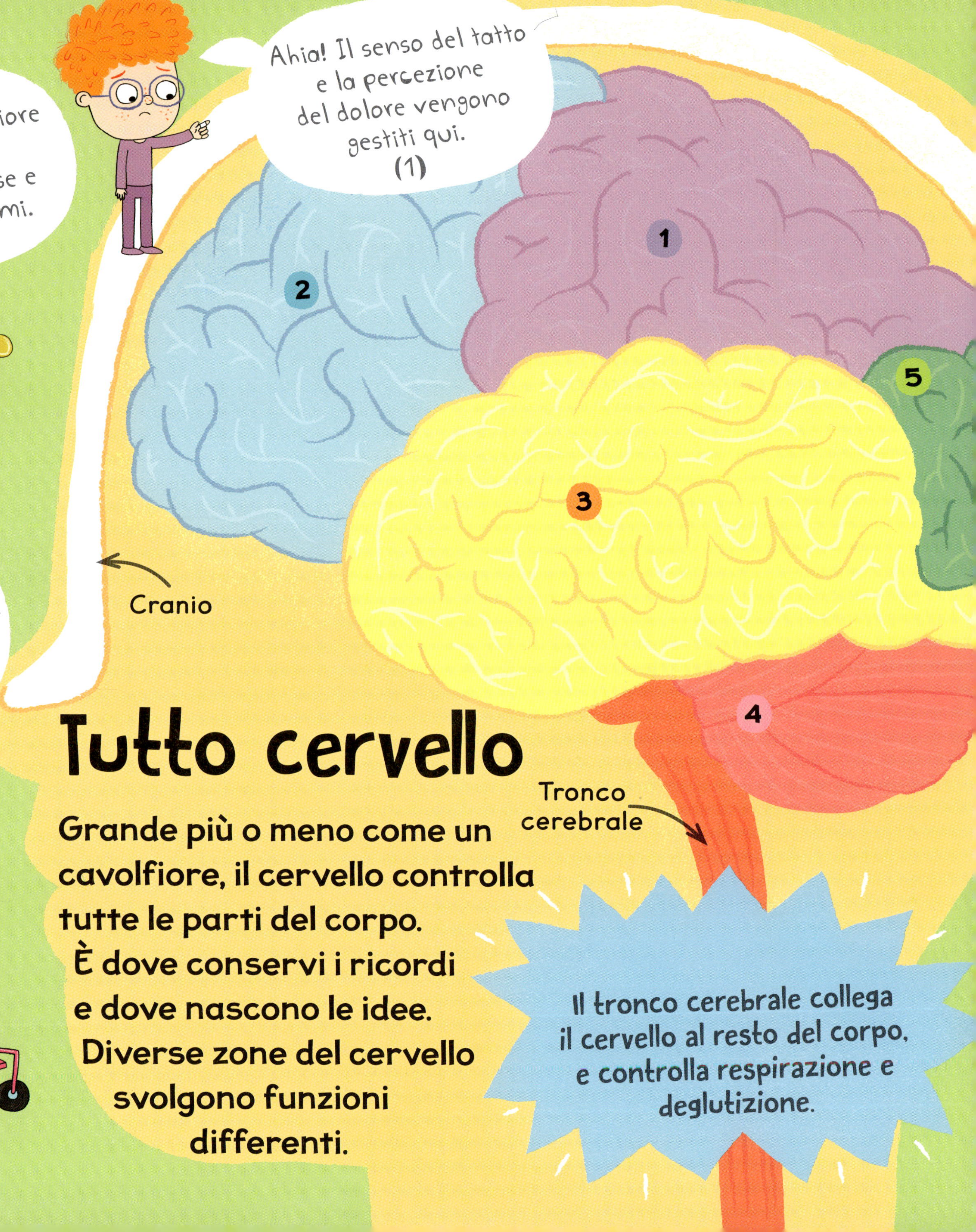

Tutto cervello

Grande più o meno come un cavolfiore, il cervello controlla tutte le parti del corpo. È dove conservi i ricordi e dove nascono le idee. Diverse zone del cervello svolgono funzioni differenti.

Il tronco cerebrale collega il cervello al resto del corpo, e controlla respirazione e deglutizione.

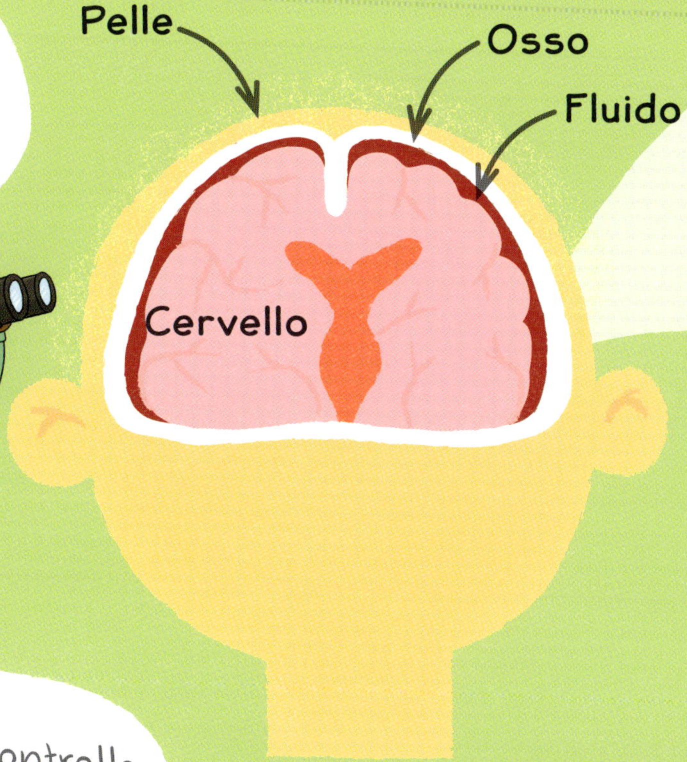

Una testa dura
Il cranio funziona come un casco osseo, sotto il quale c'è un ulteriore strato protettivo: il cervello galleggia in un liquido che attutisce eventuali colpi.

POSSO... FARE UN TEST DELLA MEMORIA!

Osserva gli otto oggetti sul vassoio. Poi chiudi il libro e conta fino a 40. Riesci a ricordarti tutti gli oggetti?

Destra e sinistra

Il cervello ha due emisferi, destro e sinistro. Ciascuna metà controlla la parte opposta del corpo. Se lanci una palla di neve con la mano sinistra, è l'emisfero destro che gli ha detto di farlo.

Cellula nervosa

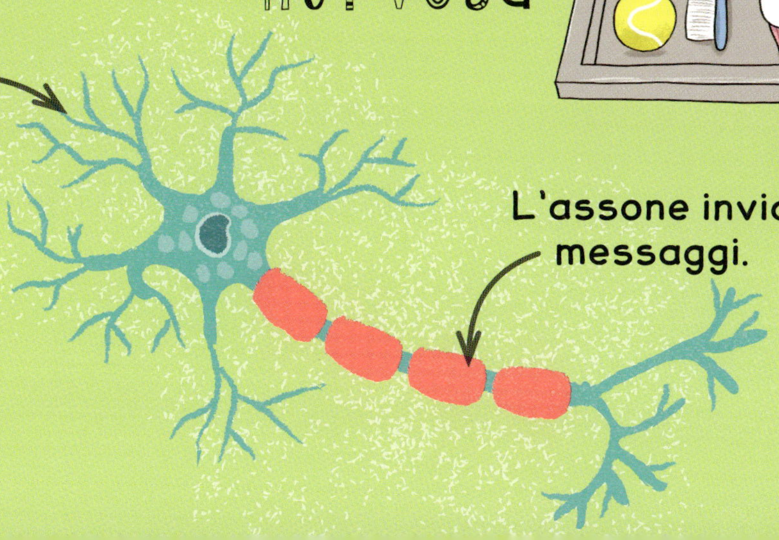

Le cellule del cervello

Il cervello è formato da milioni di cellule nervose, i neuroni. Mentre impari, i neuroni stabiliscono delle connessioni tra loro... fino a 10.000 ciascuno!

Che nervi!

Il corpo informa costantemente il cervello su cosa sta facendo. Queste informazioni viaggiano grazie al sistema nervoso, una rete di nervi diffusa in tutto il corpo.

Linea diretta

Il cervello è collegato al corpo dal midollo spinale, protetto dalla spina dorsale (o colonna vertebrale).

Elettrizzante!

I nervi sono fatti di tante cellule nervose che trasportano i segnali sotto forma di minuscole scintille elettriche.

Gli impulsi nervosi possono viaggiare nel midollo spinale a 428 km/h... Più veloce di un'auto da corsa!

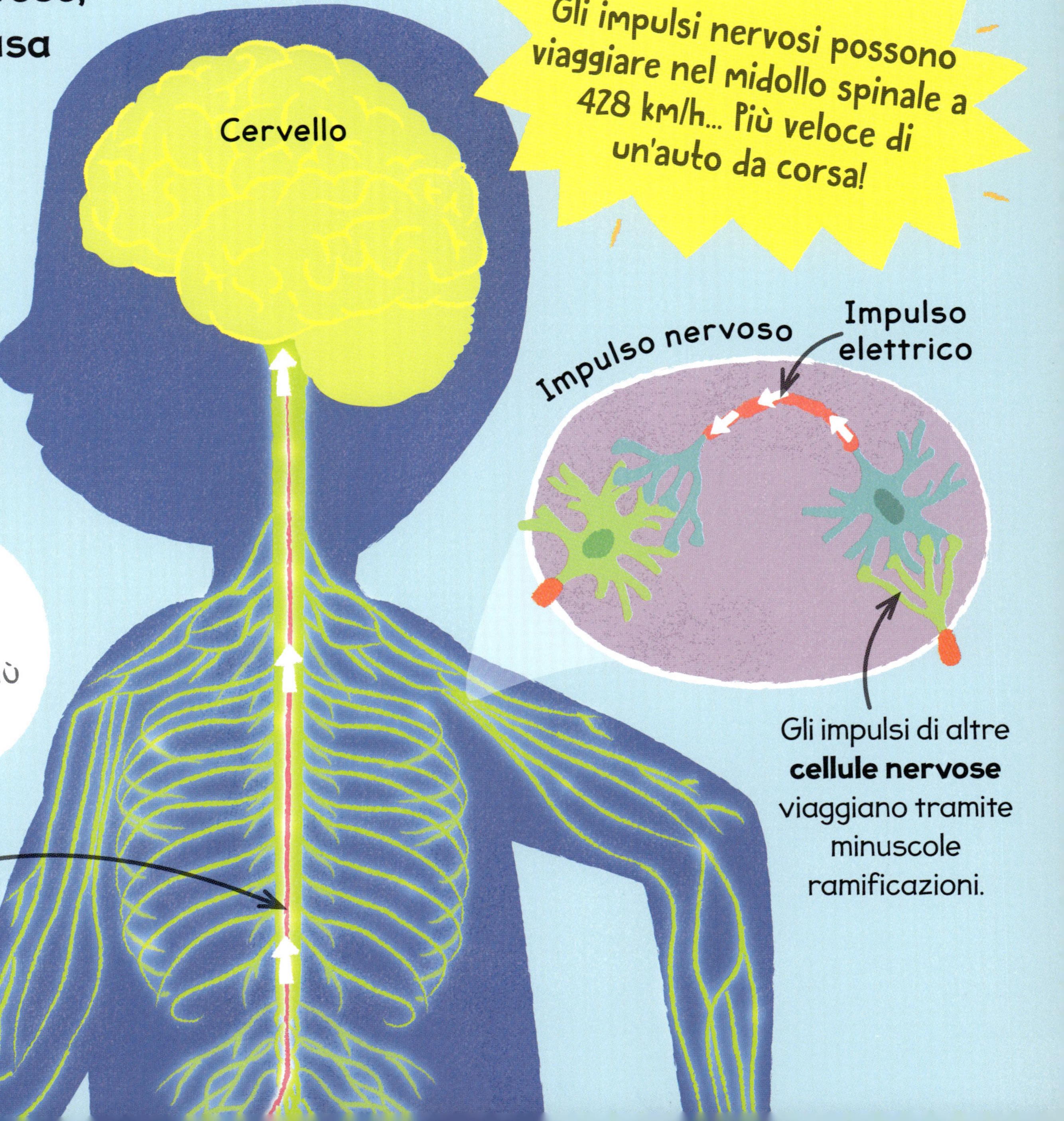

Segnali veloci

Tutte le parti del corpo informano il cervello di quello che succede e di dove si trovano. In cambio, il cervello invia dei segnali che dicono loro cosa fare: per esempio, allontanare il piede da un chiodo!

POSSO... FARE UN TEST DELLE MIE REAZIONI!

Tieni pollice e indice a un centimetro l'uno dall'altro. Fai reggere a un amico un righello sopra questa apertura. Quando lo lascia cadere, cerca di afferrarlo. A che altezza riesci a prenderlo? Scambiatevi i ruoli. Chi dei due ha tempi di reazione più rapidi?

Molte cellule nervose sono minuscole, ma alcune sono lunghe un metro!

Sensi straordinari

Il corpo usa i sensi per scoprire se stesso e il mondo. I sensi assimilano le informazioni, le trasformano in impulsi elettrici e le inviano al cervello.

Vista
Sono gli occhi a darti il senso della vista. Vedono uno in modo un po' diverso dall'altro. Il cervello unisce le due visioni e crea un'immagine definita.

È il senso dell'equilibrio a tenerti in piedi. Dopo qualche giravolta, l'equilibrio viene meno e ci si sente vacillanti e intontiti.

Tatto
Il tatto funziona bene in tutto il corpo e ti dice come sono fatti gli oggetti.

La pelle contiene tante cellule che percepiscono il caldo o il freddo.

Gusto

Cellule speciali in bocca e sulla lingua percepiscono i sapori. Senza queste, non sapresti distinguere un biscotto da una cacca di mucca!

Udito

Puoi sentire un'ampia gamma di suoni. Alcuni sono molto acuti, come un fischio. Altri sono più bassi, come il "brontolio" di un temporale.

Le **labbra** e la **lingua** sono le parti del corpo più **sensibili** al **calore**.

Olfatto

Le cellule dentro al naso ti permettono di riconoscere migliaia di odori differenti.

POSSO... USARE I MIEI SENSI!

Le parti del corpo informano il cervello della loro posizione anche se non le guardi o non pensi a loro. Questo senso si chiama propriocezione. Per usarlo, chiudi gli occhi e prova a toccare il naso con il pollice destro.

Occhi aperti!

Gli occhi fanno entrare la luce e ti danno il senso della vista. Attraverso l'occhio, la luce raggiunge la retina. Qui, cellule speciali trasformano la luce in impulsi elettrici. Questi impulsi arrivano al cervello, che decifra ciò che vedi.

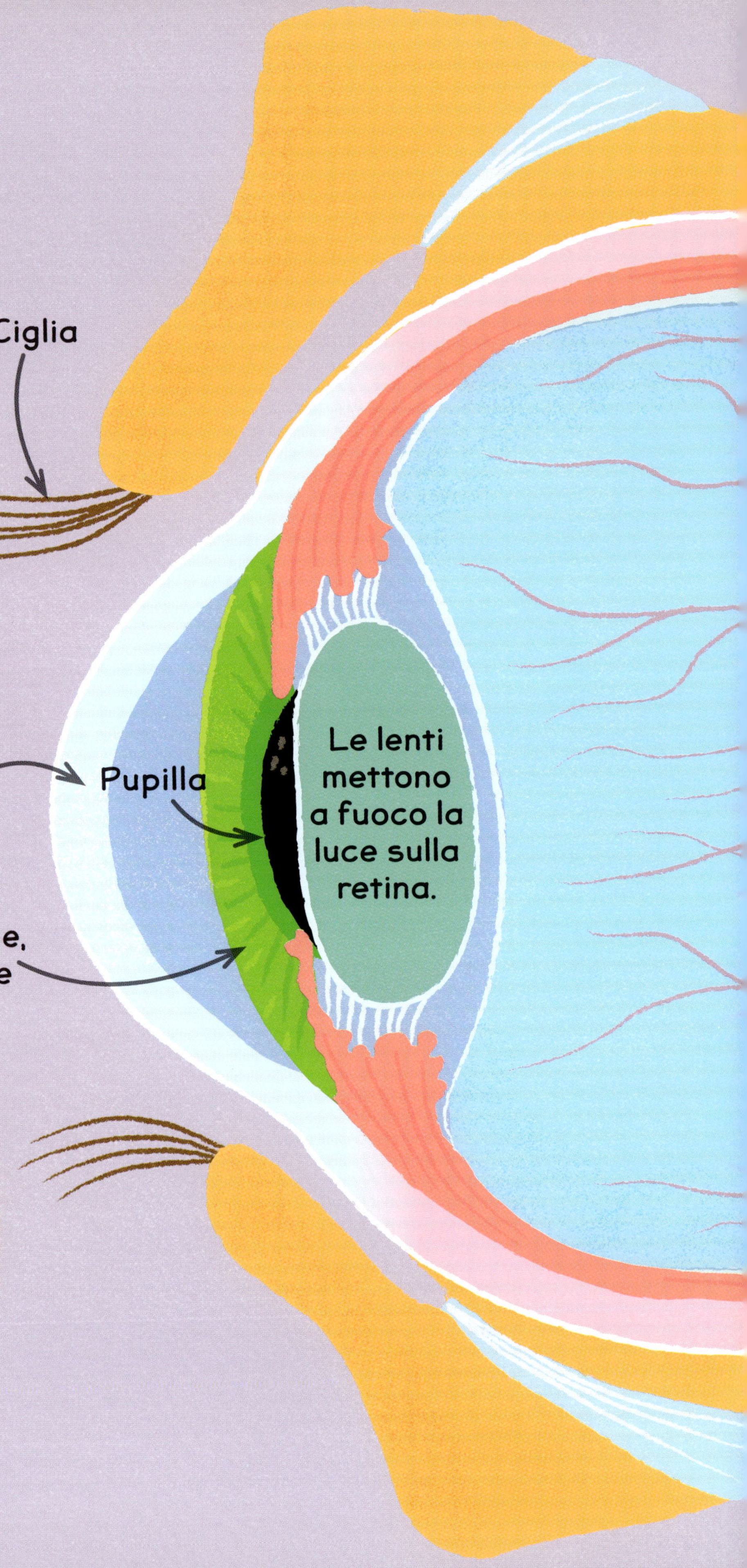

La luce prima di tutto

Ogni occhio ha un foro che lascia entrare la luce, la pupilla. Attorno c'è l'iride, con muscoli che regolano le dimensioni della pupilla per far entrare la giusta quantità di luce.

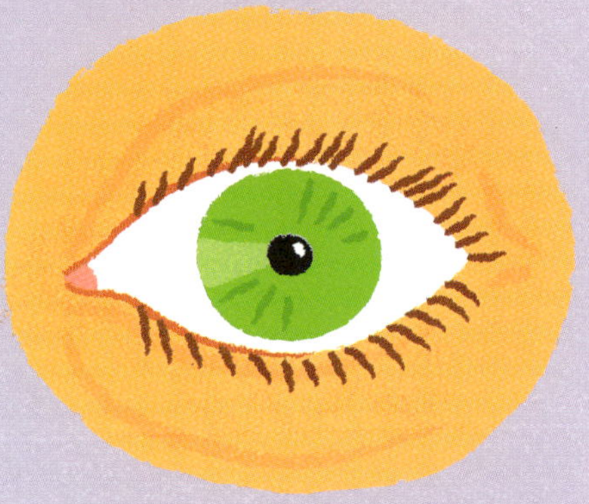

Se la luce è intensa, la pupilla si restringe e fa entrare meno luce.

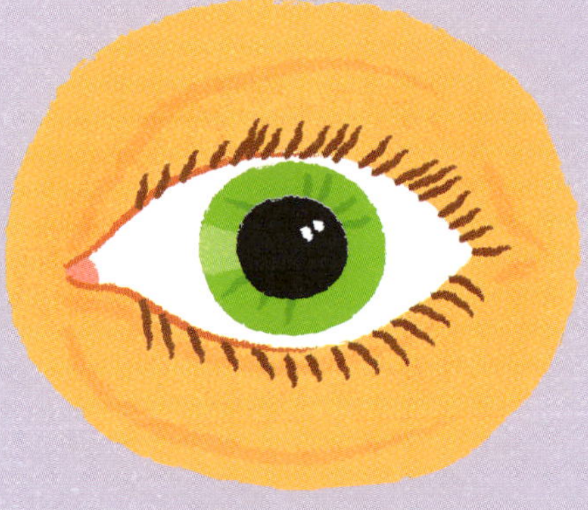

Se la luce è fioca, la pupilla si dilata e fa entrare più luce.

Quando batti le palpebre, le lacrime lavano il globo oculare da polvere e sporcizia.

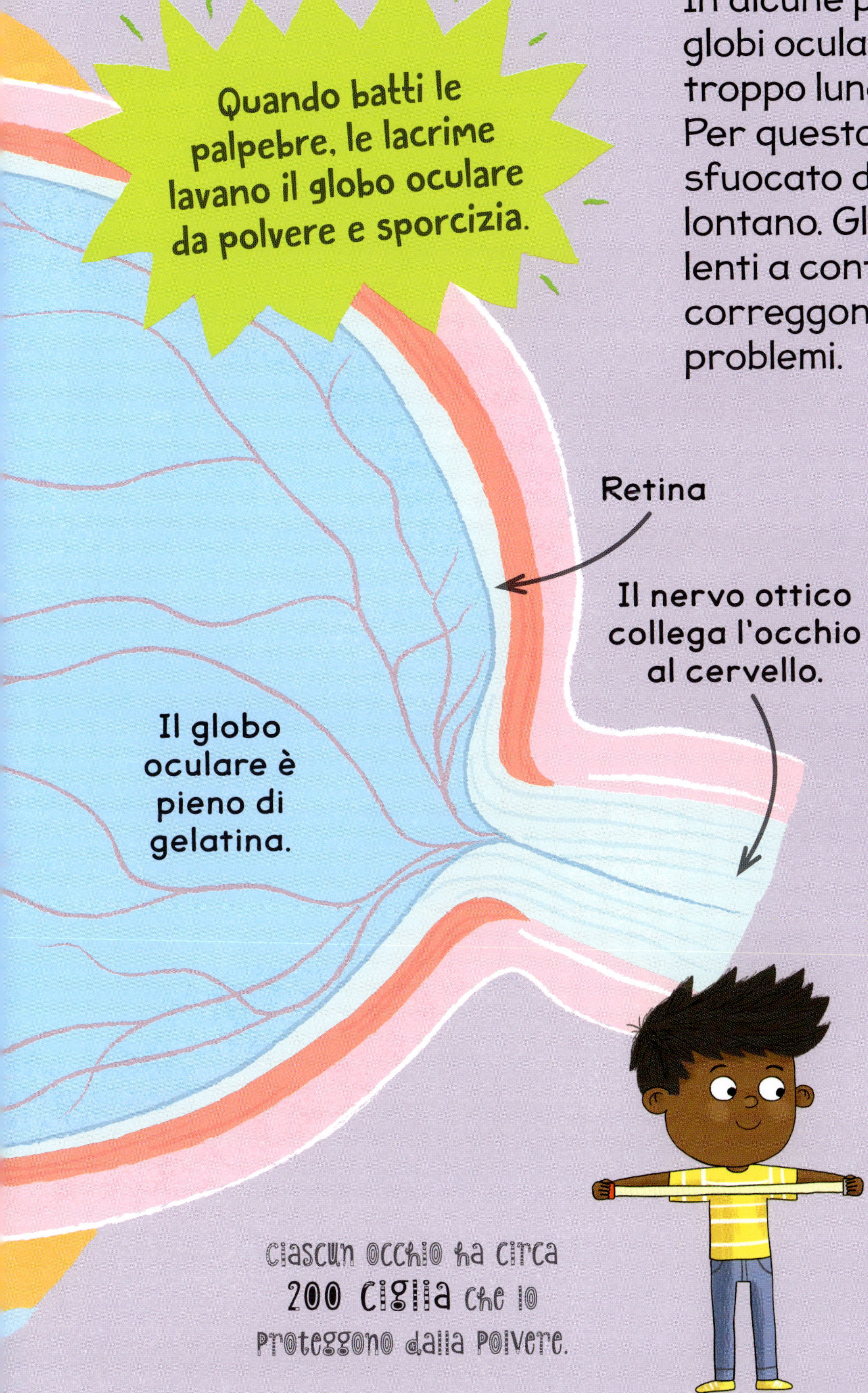

Non ci vedi bene?

In alcune persone, i globi oculari sono un po' troppo lunghi o corti. Per questo vedono sfuocato da vicino o da lontano. Gli occhiali o le lenti a contatto correggono questi problemi.

POSSO... INGANNARE LA VISTA!

Le illusioni ottiche possono ingannare occhi e cervello. Il tavolo a sinistra è più lungo di quello di destra? Così sembra! Ma se li misuri con il righello... scoprirai che sono uguali!

Ciascun occhio ha circa 200 ciglia che lo proteggono dalla polvere.

Che orecchio!

I grandi lembi di pelle ai lati della testa sono solo l'inizio di ciò che accade quando senti un suono.
Il senso dell'udito è dato da una catena di eventi che avvengono principalmente dentro la testa.

Il suono viaggia attraverso l'aria a oltre 1000 km/h!

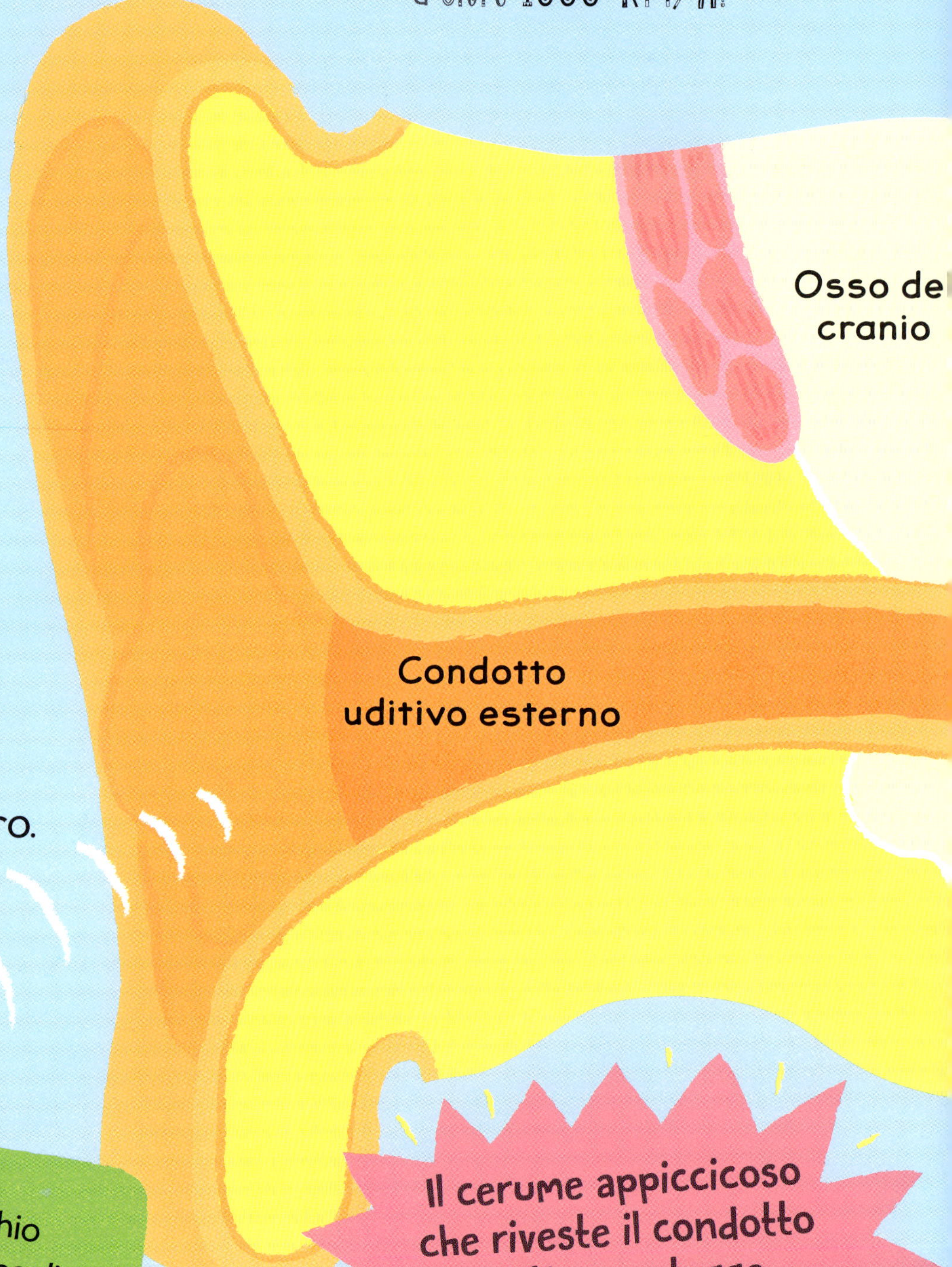

Le giuste vibrazioni

I suoni sono vibrazioni nell'aria. Possono essere deboli o forti, alti o bassi. Provengono dalla voce delle persone, da congegni vari e tanto altro.

1 L'orecchio esterno raccoglie i suoni come un imbuto.

Il cerume appiccicoso che riveste il condotto uditivo protegge l'orecchio da sporcizia, polvere e piccoli insetti.

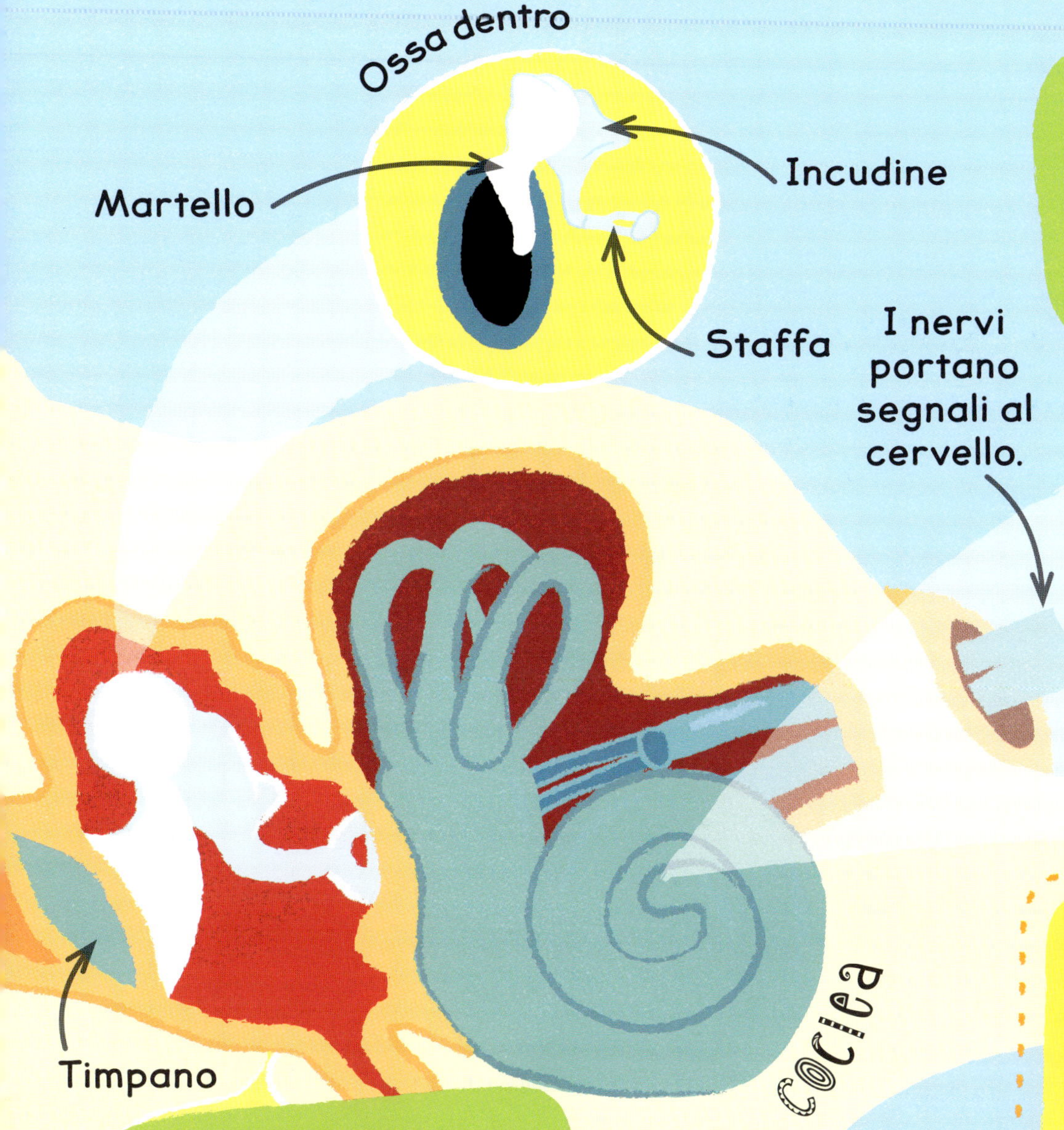

3 Gli ossicini sono le tre ossa più piccole del corpo. Ricevono le vibrazioni dal timpano e le passano alla coclea.

4 La coclea è piena di liquido e ha tante minuscole ciglia. I suoni fanno increspare il liquido. Le ciglia percepiscono le increspature e le trasformano in impulsi elettrici.

2 Quando i suoni raggiungono il timpano (una speciale membrana molto sottile), lo fanno vibrare.

POSSO... FARE UN TEST DELL'UDITO!

Chiudi gli occhi, tappati un orecchio con la mano e chiedi a un'amica di produrre suoni in diverse parti della stanza. Riesci a capire da dove provengono? Prova di nuovo, stavolta con tutte e due le orecchie libere.

Olfatto, gusto e tatto

Questi tre sensi ti fanno apprezzare cibi e bevande. Ti avvertono anche di pericoli come oggetti taglienti o cibo che potrebbe farti star male.

Come puzza!

Particelle di odore invisibili fluttuano nell'aria e vengono inspirate. Minuscole cellule nella parte alta del naso le rilevano e inviano impulsi elettrici al cervello.

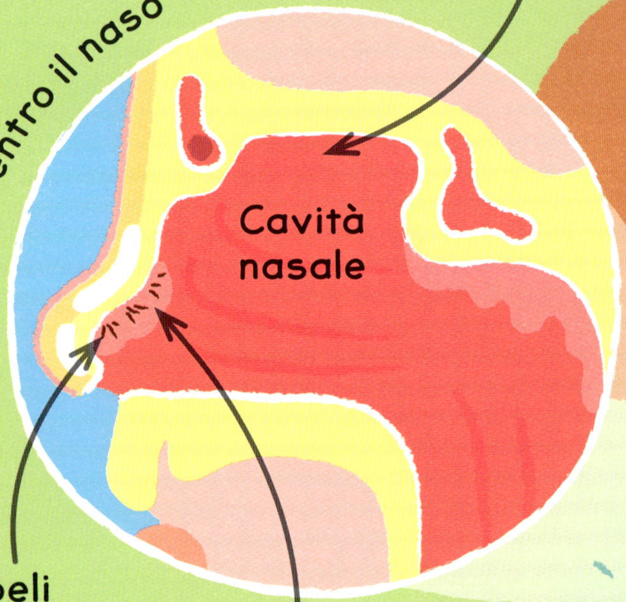

Il senso del gusto

La superficie della lingua, il palato e i lati della bocca contengono piccoli agglomerati di cellule, i calici gustativi. Questi percepiscono i sapori e mandano segnali al cervello.

Sulla lingua ci sono dai 2000 agli 8000 calici gustativi.

POSSO... PROVARE SAPORI DIVERSI!

I calici gustativi riconoscono cinque sapori fondamentali. Più alimenti assaggi, più il cervello impara. Quando assaggi un cibo nuovo, pensa a quali sapori puoi percepire.

Un tocco magico

La pelle è ricca di cellule sensoriali speciali per sentire le cose. Il tatto ti aiuta a capire se qualcosa è ruvido, liscio, tagliente, appiccicoso, umido o asciutto.

La punta delle dita e le labbra hanno più **cellule sensoriali** di ogni altra parte del corpo.

Mi batte il cuore!

Il cuore è un organo costituito principalmente da un muscolo. È uno dei muscoli più forti, che pompa il sangue in tutto il corpo.

1 Sangue povero di ossigeno entra nella parte destra del cuore.

2 Il cuore pompa il sangue povero di ossigeno nei polmoni.

Energia pura

Il cuore è instancabile: batte (pompa) circa 100.000 volte al giorno... Quasi 70 volte al minuto!

In un anno, il cuore **POMPA** tanto sangue da riempire una piscina olimpica!

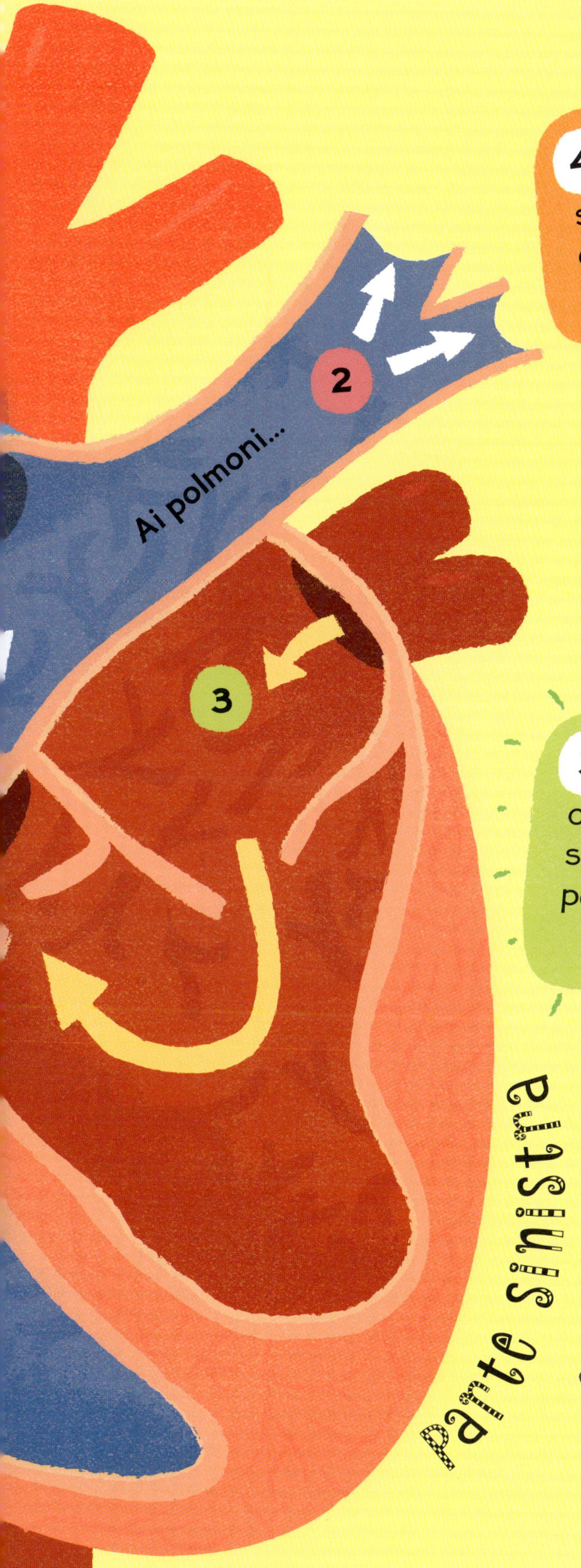

4 Il cuore pompa il sangue ricco di ossigeno al resto del corpo.

POSSO... SENTIRE IL POLSO!

Puoi sentire il battito del cuore in alcuni punti detti polsi. Con la punta di due dita, fai una leggera pressione sulla parte interna del polso. A che velocità batte il tuo cuore?

3 Dopo aver raccolto ossigeno dai polmoni, il sangue si dirige verso la parte sinistra del cuore.

I pacemaker

Cellule speciali mandano segnali per far battere il cuore alla giusta velocità. Se questi segnali non funzionano, i medici possono rimediare collocando un dispositivo chiamato pacemaker.

L'ossigeno è un gas che inspiriamo, di cui ha bisogno ogni parte del corpo. Viene trasportato nel sangue da cellule chiamate globuli rossi.

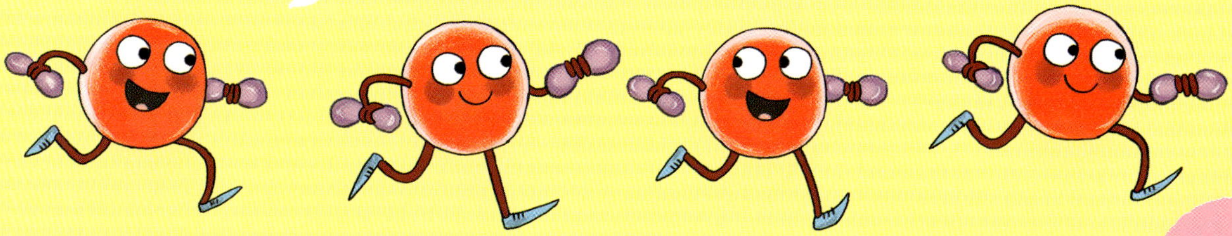

Il percorso del sangue

Il sangue porta in giro per il corpo elementi utili come l'ossigeno e i nutrienti degli alimenti. Viene pompato dal forte muscolo del cuore.

Un giro veloce

Il sangue completa il suo percorso nel corpo in meno di un minuto. Viaggia in condotti chiamati vasi sanguigni.

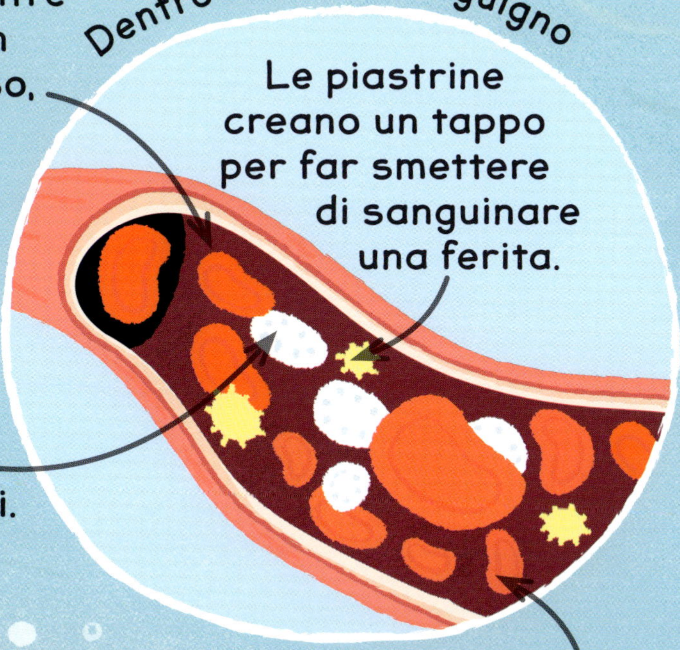

POSSO... FAR CIRCOLARE IL SANGUE PIÙ VELOCEMENTE!

Senti il polso prima e dopo 20 saltelli a gambe e braccia divaricate. Le pulsazioni saranno più veloci dopo, perché il cuore trasporta il sangue più velocemente per fornire al corpo più ossigeno ed energia.

Se stendessimo tutti i vasi sanguigni uno dopo l'altro, farebbero il giro del mondo due volte e mezzo!

Mozzafiato!

L'ossigeno è un gas che costituisce un quinto dell'aria. Al corpo ne serve molto per trasformare il cibo in energia. L'ossigeno si ottiene immettendo aria nei polmoni.

POSSO... MISURARE LA MIA RESPIRAZIONE!

Conta quante volte inspiri ed espiri in un minuto. Fai una corsa sul posto per 30 secondi, e poi conta di nuovo. Quante volte in più hai respirato dopo aver corso?

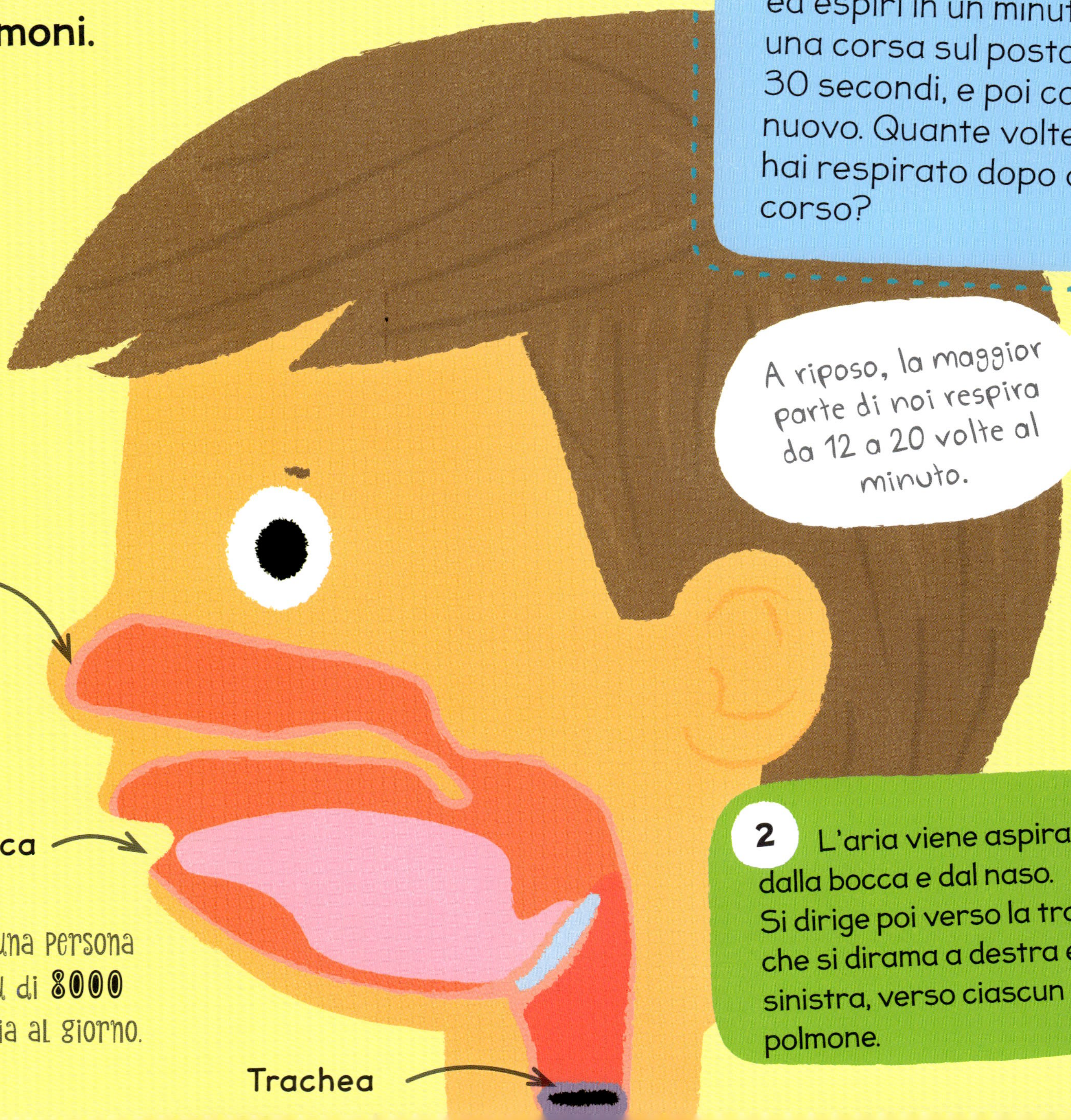

In media, una persona inspira più di **8000 litri** d'aria al giorno.

2 L'aria viene aspirata dalla bocca e dal naso. Si dirige poi verso la trachea, che si dirama a destra e a sinistra, verso ciascun polmone.

Il polmone sinistro è **più piccolo** del polmone destro, per fare spazio al **cuore**.

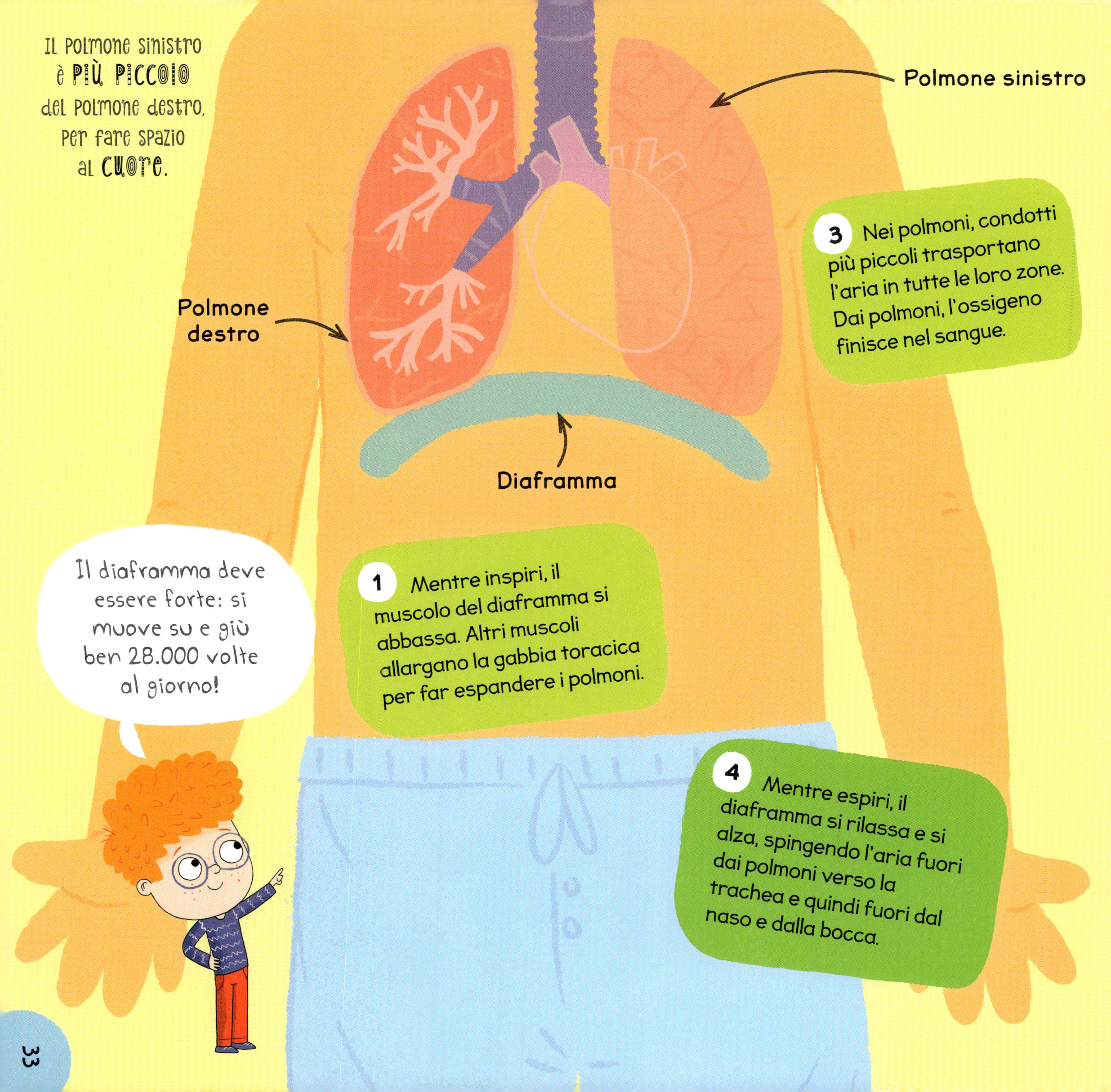

1 Mentre inspiri, il muscolo del diaframma si abbassa. Altri muscoli allargano la gabbia toracica per far espandere i polmoni.

3 Nei polmoni, condotti più piccoli trasportano l'aria in tutte le loro zone. Dai polmoni, l'ossigeno finisce nel sangue.

4 Mentre espiri, il diaframma si rilassa e si alza, spingendo l'aria fuori dai polmoni verso la trachea e quindi fuori dal naso e dalla bocca.

Che bocca grande!

La bocca ti permette di parlare, mangiare e respirare. È piena di denti che tagliano, frantumano, tritano e masticano il cibo quando mangi.

Due serie di denti

Durante la vita, avrai due serie di denti. I 20 denti da latte iniziano a cadere all'età di sei anni circa, e sono rimpiazzati da una serie di 32 denti permanenti.

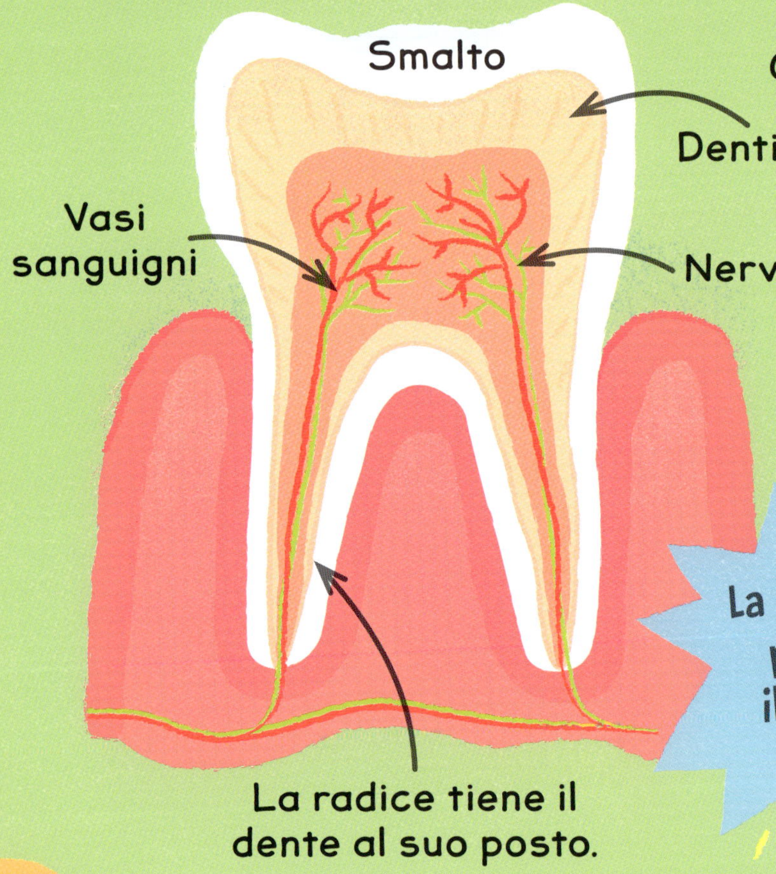

La radice di un dente può essere lunga il doppio del resto del dente.

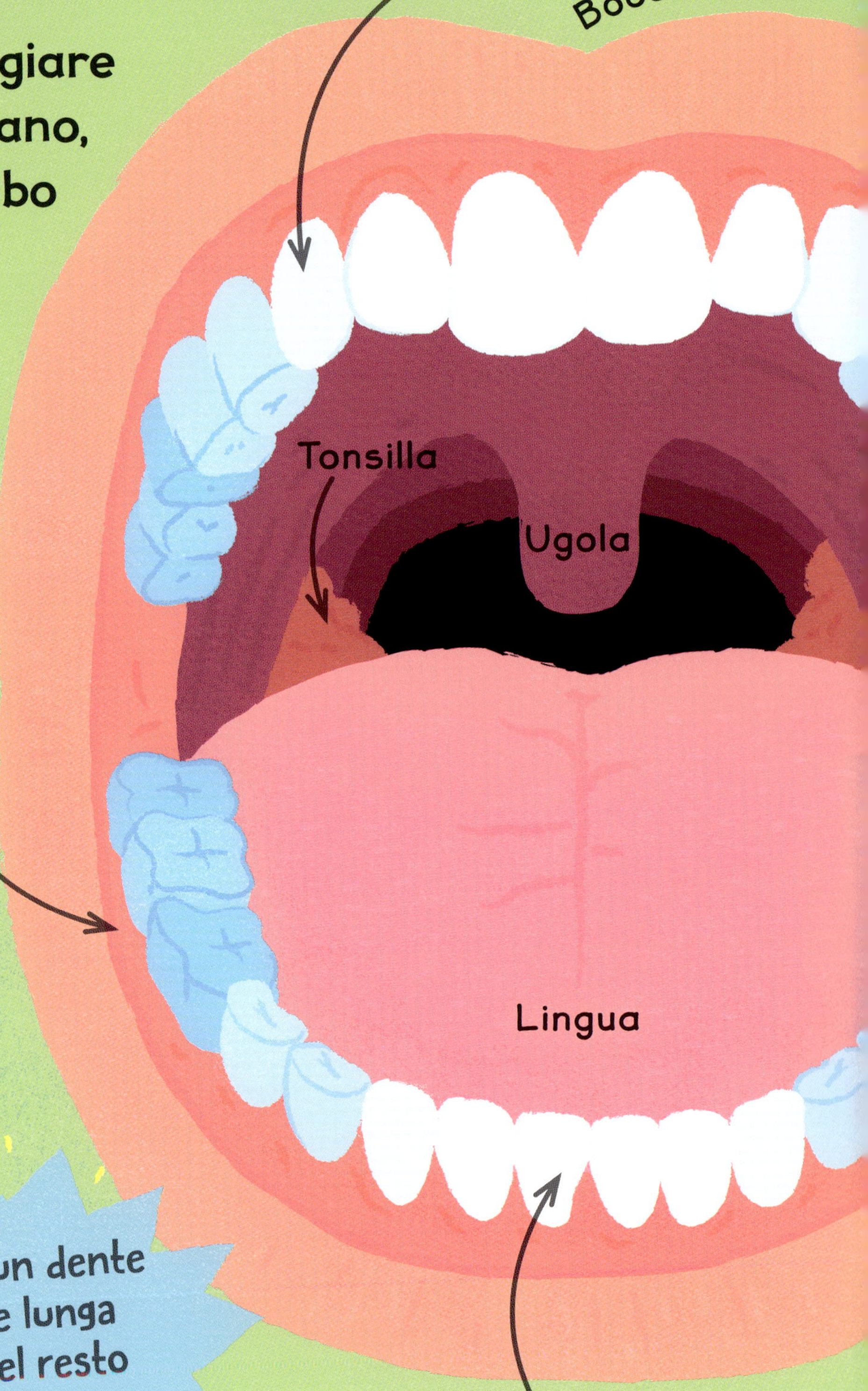

Acquolina in bocca

Il liquido che hai in bocca si chiama saliva. Permette di sciogliere o inumidire alcune parti del cibo, rendendo la masticazione più semplice.

POSSO... AVERE DENTI BRILLANTI!

Lavati sempre i denti al mattino e prima di andare a letto. Spazzola ogni dente davanti e dietro, verso l'alto e il basso. Dovresti farlo per 2-3 minuti. Quando hai finito, risciacqua lo spazzolino... e i denti!

Lo strato esterno che protegge i denti si chiama smalto, ed è la sostanza più dura del nostro corpo.

I denti molari e premolari tritano e masticano il cibo prima che venga ingerito.

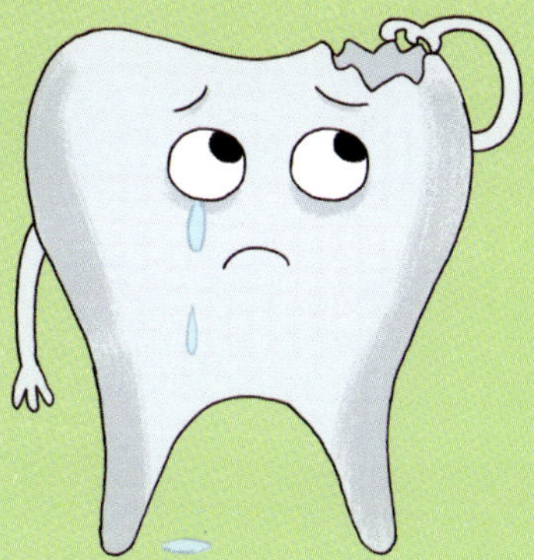

Che mal di denti!

Il mal di denti può essere causato dalla carie che ne danneggia lo smalto. Questo può succedere se mangi molti dolci e non ti lavi i denti bene e di frequente.

Il viaggio del cibo

Il cibo serve a dare energia, a mantenersi sani e permette al corpo di crescere e ripararsi. Quando mangi, il cibo inizia il suo viaggio nell'apparato digerente.

Lo stomaco vuoto è grande quanto una pallina da tennis, ma quando è pieno può diventare grande quasi quanto un pallone da calcio!

POSSO... MANGIARE SANO!

Mangiare cibi salutari fornisce al corpo energia e tutto ciò di cui ha bisogno per crescere e stare bene. Durante ogni pasto, cerca di mangiare tanta frutta e verdura di colori diversi.

Nella pancia

Lo stomaco è una borsa elastica che si espande a seconda di quanto mangi. Qui, il cibo viene rimescolato per ore, e sostanze chimiche lo trasformano in un liquido lattiginoso.

I condotti del cibo

Nell'intestino tenue, il cibo viene scomposto ulteriormente. Le parti utili vanno nel sangue, e da lì in tutto il corpo. Il resto prosegue verso l'intestino crasso.

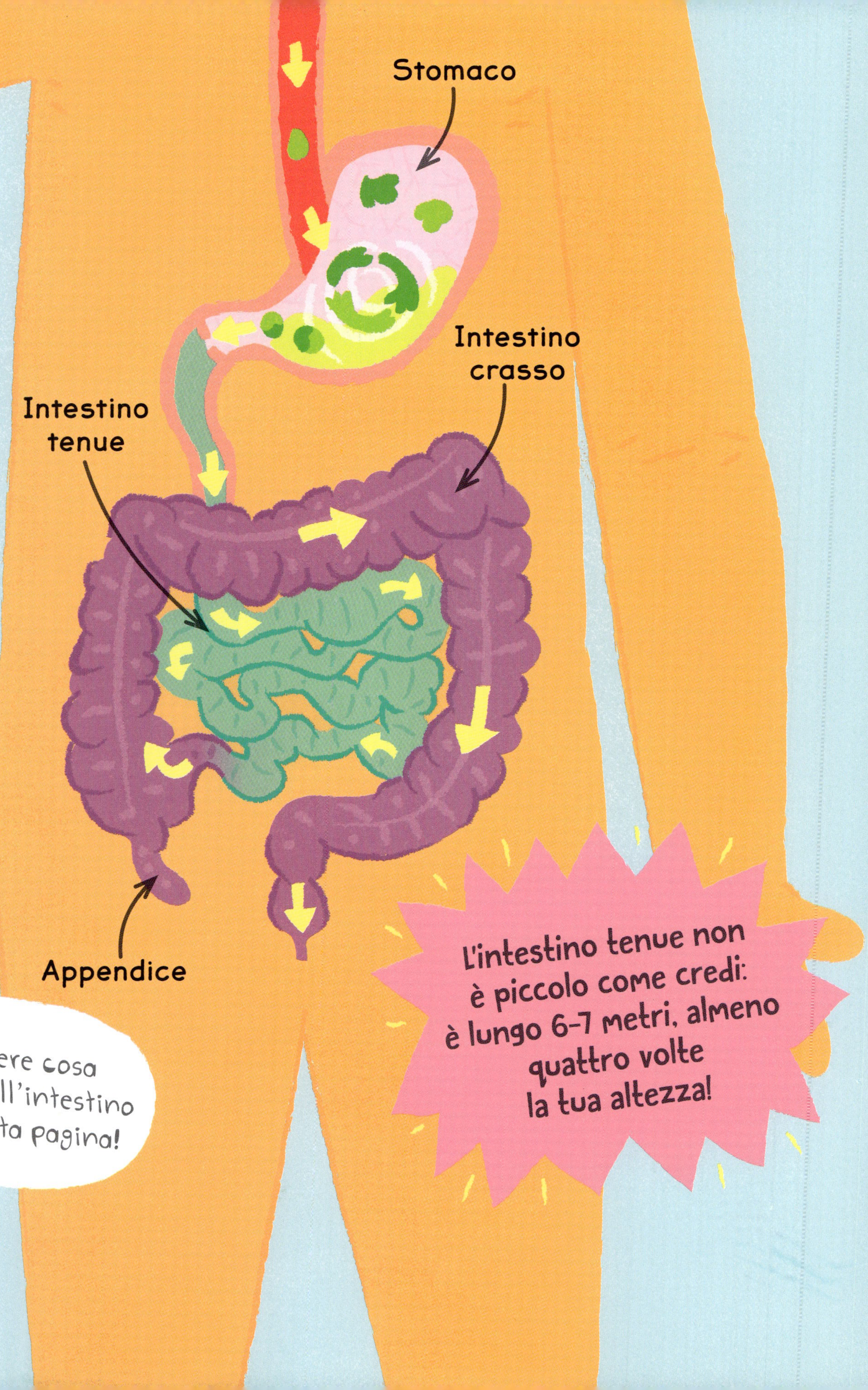

E gli scarti?

Molte cose vengono scartate dopo che le sostanze utili del cibo hanno viaggiato nel sangue. Questi scarti intraprendono un viaggio tutto loro.

Un po' di riciclaggio

L'intestino crasso è lungo circa 1,5 metri. Assorbe l'acqua e le ultimissime sostanze utili dal cibo. Quello che rimane del cibo esce dal tuo corpo quando vai in bagno.

Piccoli aiutanti

Nell'intestino crasso ci sono milioni di minuscole creature, i batteri. Molti aiutano il corpo ad assorbire le sostanze utili del cibo. Producono anche il gas delle puzzette!

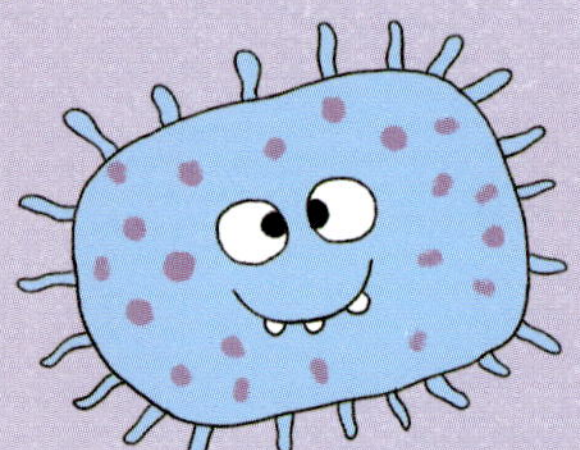

La tua cacca è per tre quarti **acqua**, e per il resto rifiuti solidi. Almeno un terzo dei rifiuti solidi nella popò è costituito da **batteri morti**!

In media, emetti gas dalle 5 alle 15 volte al giorno!

Ciascun rene si libera di 1-1,5 litri di urina al giorno!

I reni ripuliscono il sangue dalle sostanze di scarto. L'urina è formata da questi scarti e da acqua.

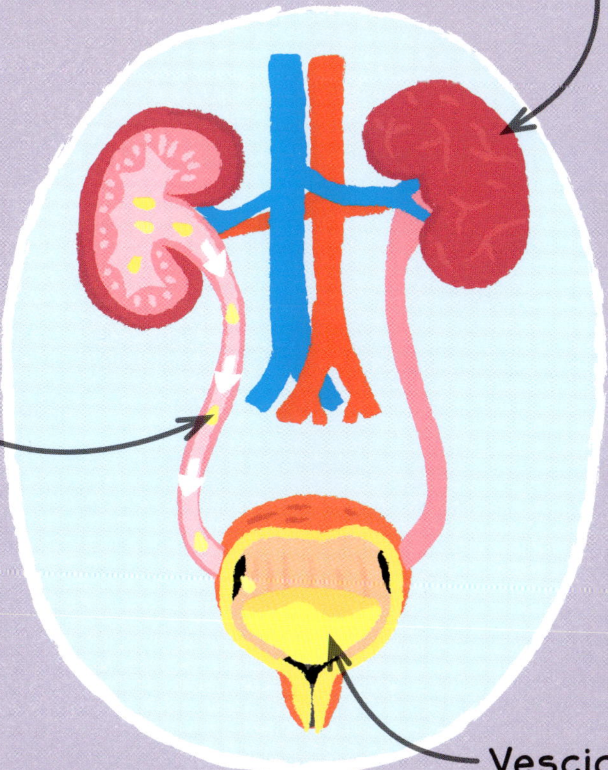

POSSO... LAVARMI LE MANI!

Dopo essere stati in bagno, è importante lavarsi bene le mani con il sapone e l'acqua calda. In questo modo, le mani si liberano dai germi. Devi impiegare almeno il tempo che serve per cantare due volte "Tanti auguri a te".

Non la tengo più!

Nella maggior parte delle persone, la vescica può tenere circa un terzo di litro di urina. Quando è piena, manda segnali al cervello avvertendolo che è ora di andare in bagno.

Messaggi istantanei

Sostanze chimiche chiamate ormoni viaggiano per il corpo dicendo alle varie parti cosa fare e cosa non fare. Sono molto autoritari!

Ghiandole utili

Oltre 40 diversi tipi di ormoni vengono prodotti da piccoli organi del corpo, le ghiandole.

Piccola ma potente

Grande come un pisello, la ghiandola pituitaria si trova nella testa, dietro al naso. Produce tanti ormoni differenti.

Molti ormoni viaggiano nel **sangue** per raggiungere tutte le parti che controllano.

La timosina è prodotta dal timo. Aiuta il corpo a generare più globuli bianchi speciali per combattere le infezioni.

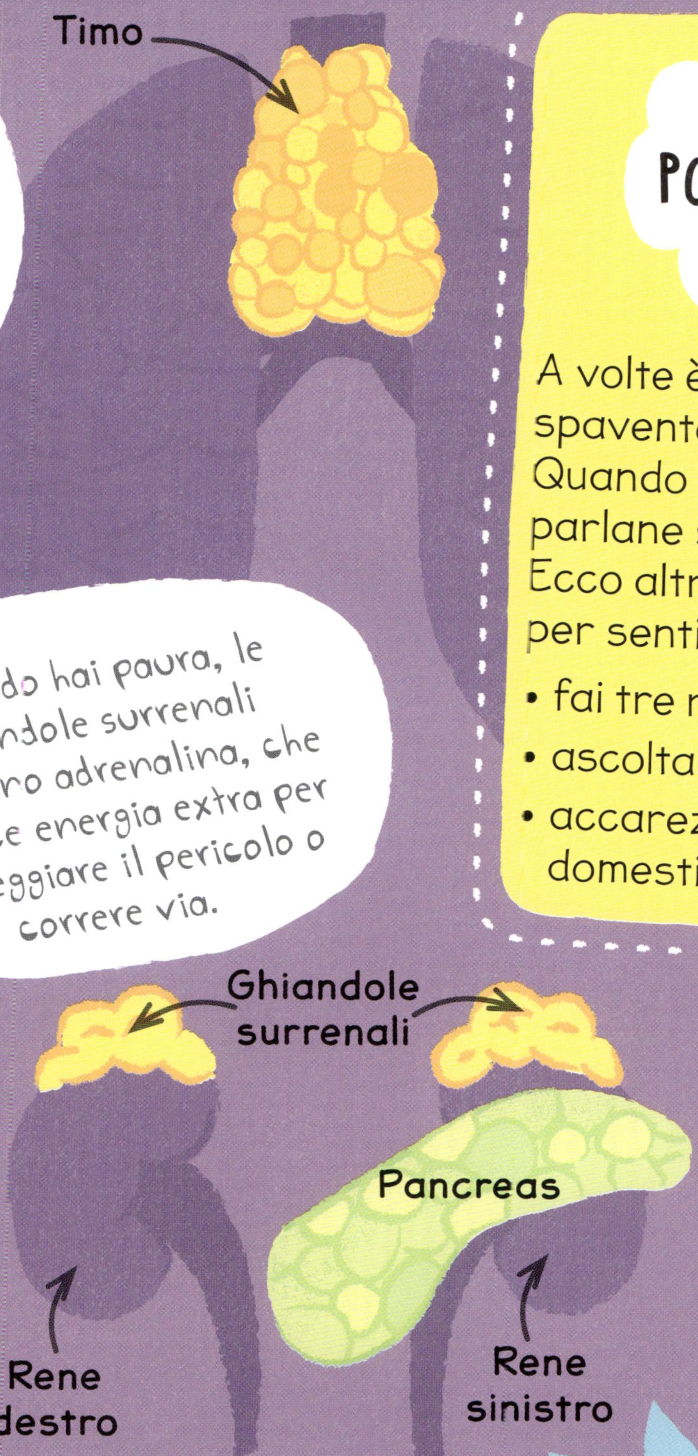

POSSO... CALMARMI!

A volte è normale essere spaventati, tristi o arrabbiati. Quando qualcosa ti preoccupa, parlane sempre con un adulto. Ecco altre cose che puoi fare per sentirti meglio:

- fai tre respiri lenti e profondi;
- ascolta la tua musica preferita;
- accarezza un animale domestico.

Quando hai paura, le ghiandole surrenali rilasciano adrenalina, che fornisce energia extra per fronteggiare il pericolo o correre via.

L'insulina viene prodotta nel pancreas. Viaggia nel sangue e aiuta a controllare il livello di zuccheri nel corpo.

Il diabete è una malattia che insorge quando il corpo non riesce a produrre abbastanza insulina.

Come si nasce?

La vita di ognuno inizia in un uovo minuscolo, più piccolo di un punto fermo sulla carta. Prima di nascere si cresce molto e si cambia davvero tanto.

L'inizio

Una cellula di un uomo e una cellula di una donna si uniscono dentro la donna.

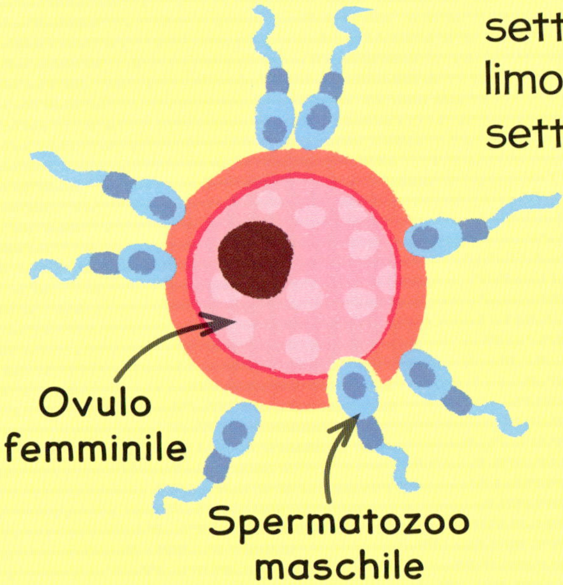

La divisione

La nuova cellula si divide in due cellule, poi in quattro e così via, in un numero sempre maggiore. Dopo tre settimane, l'ammasso di cellule è lungo 2-3 millimetri.

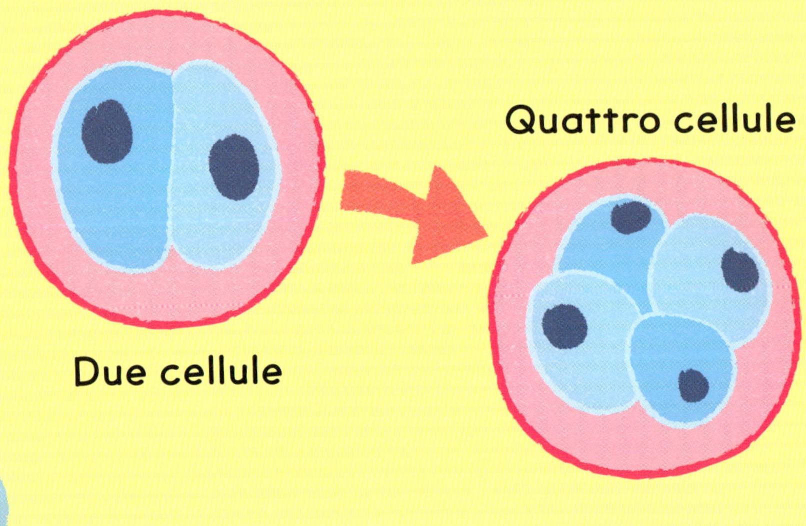

Crescita veloce

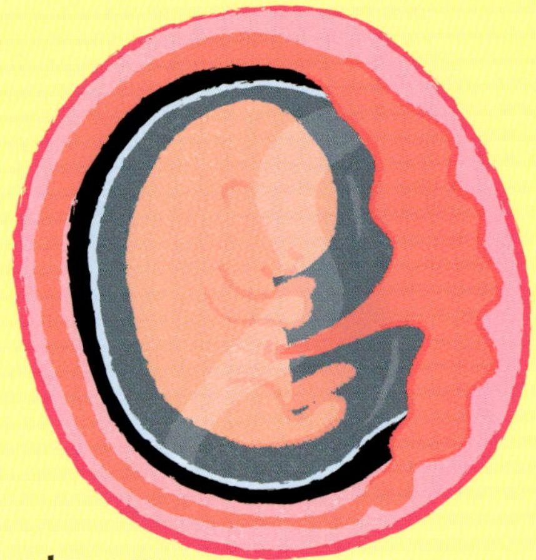

Dopo 9 settimane, il gruppo di cellule è grande quanto un acino d'uva.
Alla quattordicesima settimana, è grande quanto un limone e si chiama feto. Alla trentesima settimana, può pesare quanto una noce di cocco.

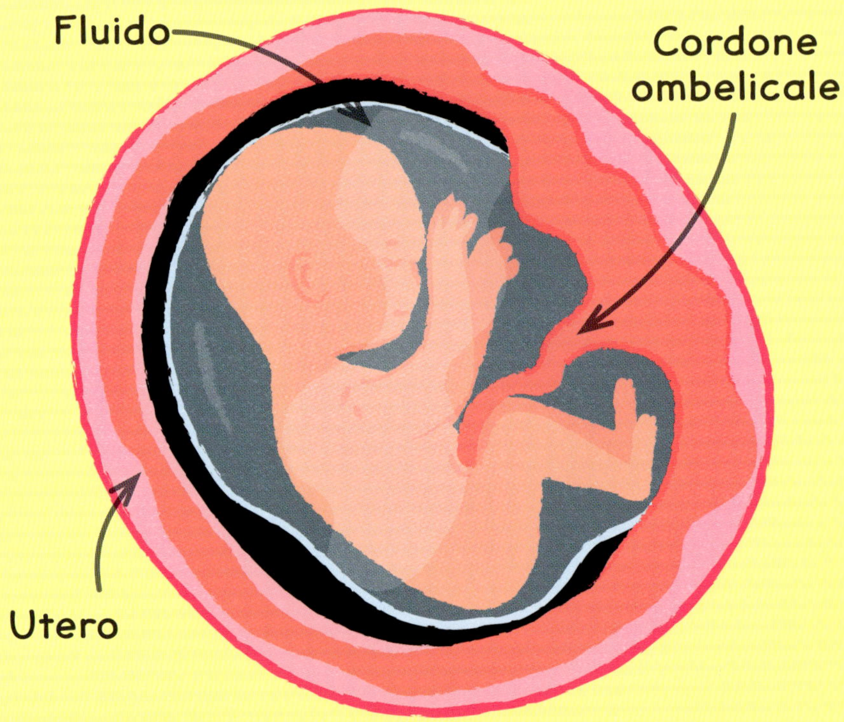

Nutrito e protetto

Il feto galleggia nel fluido che lo protegge. La madre gli fornisce ossigeno e nutrimento dal sangue attraverso un condotto detto cordone ombelicale.

POSSO... IMPARARE QUALCOSA SUI CUCCIOLI!

Uno di questi animali trascorre 645 giorni dentro la mamma prima di nascere. L'altro invece è pronto in soli 33 giorni. Ma quale dei due?

Risposta:
Coniglio: 33 giorni
Elefante asiatico: 645 giorni

Pronti, partenza...

Dopo quasi 9 mesi dentro la mamma, di solito i bambini sono abbastanza grandi per nascere.

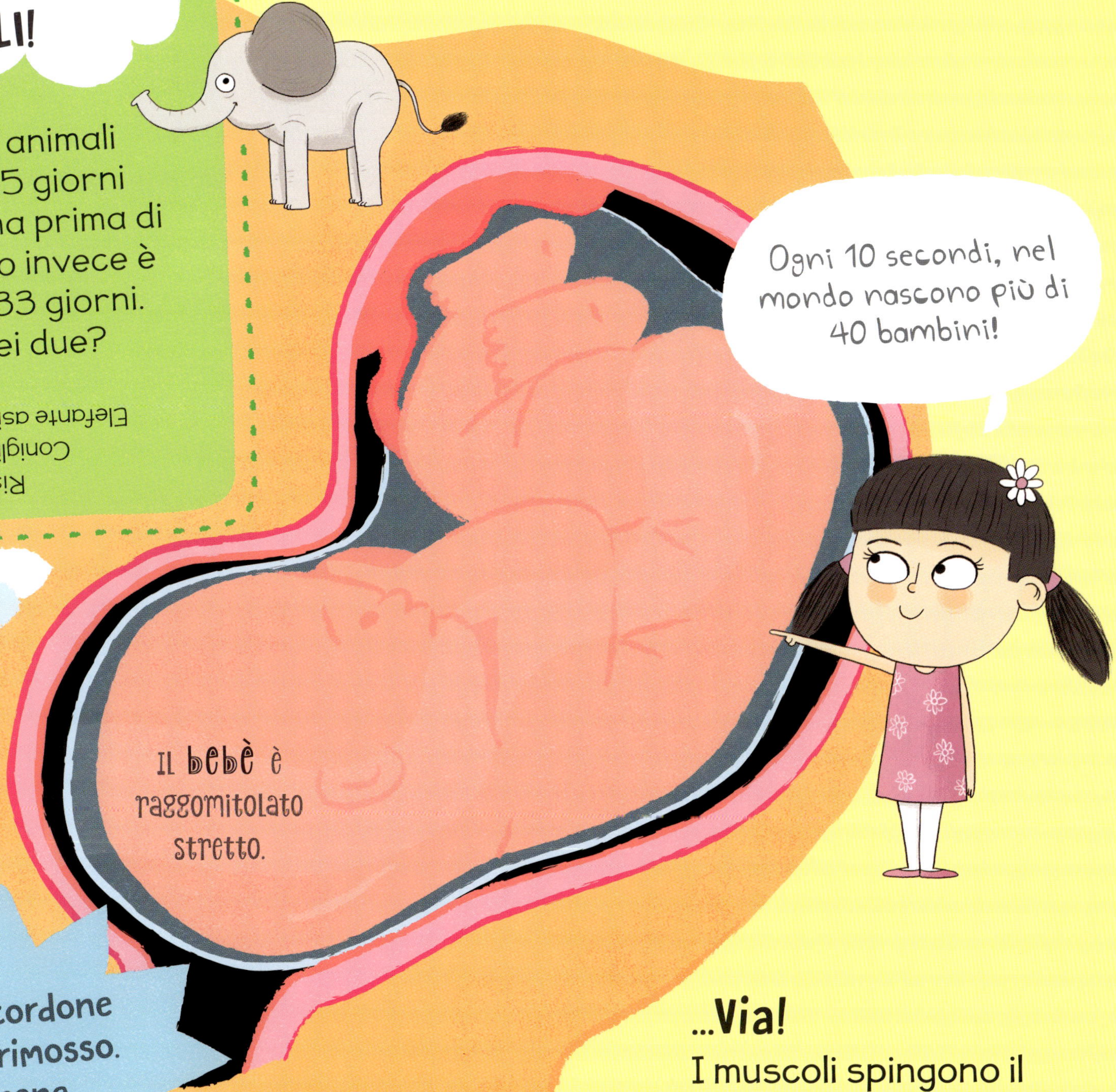

Colonna vertebrale della mamma

Quando nasci, il cordone ombelicale viene rimosso. Quello che rimane diventa l'ombelico.

...Via!

I muscoli spingono il bambino verso il basso e fuori dall'utero: è così che si nasce.

Diventare grandi

Nascere è solo l'inizio! Dalla nascita, si continua a crescere per molti anni finché non si diventa adulti. E anche allora il corpo non smette mai di cambiare nel tempo.

A due anni, il cervello è già grande il doppio!

POSSO... IMPARARE TANTE COSE!

Si cresce e si cambia in continuazione. Riesci a pensare a una cosa che sai fare adesso, ma non sapevi fare l'anno scorso?

Dalla **nascita**, si cresce in fretta. Già a un anno d'età si può essere 25 centimetri più alti rispetto a quando si è nati.

A **due anni** d'età si cammina e si iniziano a imparare cose sul mondo circostante.

Da **quattro** a **dieci** anni, la maggior parte di noi cresce in altezza di circa 6 centimetri all'anno.

Da bambini ad adulti

Il periodo in cui i bambini iniziano a diventare adulti è la pubertà. In questi anni, avvengono molti cambiamenti.

Nelle **ragazze adolescenti** si sviluppa il seno e si allargano i fianchi.

In un neonato, la testa rappresenta un quarto della sua altezza. In un adulto, solo un ottavo.

Da **adulti**, uomini e donne sono del tutto sviluppati e possono scegliere di avere bambini, dando inizio al processo della crescita daccapo!

Nei ragazzi **adolescenti** la voce si fa più profonda e compare la barba.

Si smette di crescere in altezza a circa 20 anni. Le orecchie invece continuano a crescere lentamente per tutta la vita.

Durante la pubertà, puoi crescere di oltre 12 centimetri in un solo anno!

Come ti senti?

Il tuo corpo straordinario ti protegge ogni giorno dalle malattie. È anche bravissimo a ripararsi da solo. Tuttavia, a volte ha bisogno dell'aiuto di dottori e infermiere.

Tossire ti aiuta a liberare la gola da muco, polvere e germi.

Dentro il tuo corpo, alcuni **globuli bianchi** combattono le malattie ingoiando i germi.

Ho la febbre!

Hai la febbre quando la temperatura corporea è più alta della norma. Un adulto può usare un termometro per misurarti la febbre.

Un raffreddore può essere causato da oltre 200 diversi tipi di virus!

Quante croste!

Il sangue si addensa attorno ai tagli o ai graffi. Poi si indurisce per formare una crosta che blocca l'entrata dei germi nel corpo.

Ossa rotte

Le ossa sono forti, ma si possono rompere se cadi!
Nei bambini, le ossa guariscono prima che negli adulti.

1 I dottori fanno le radiografie per vedere dentro il corpo.

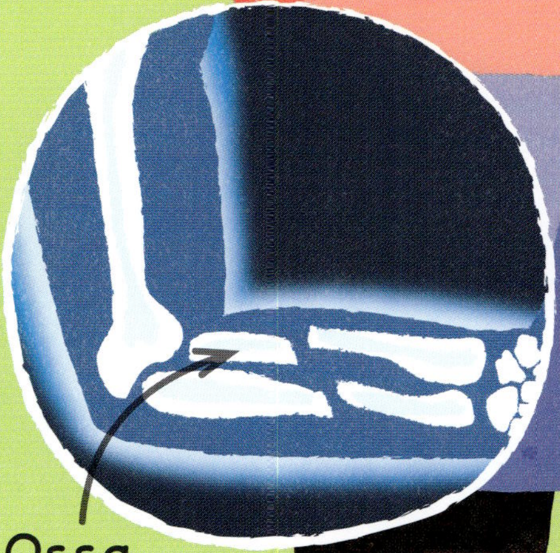

2 L'ingessatura mantiene un osso rotto nella posizione corretta, in modo che possa guarire.

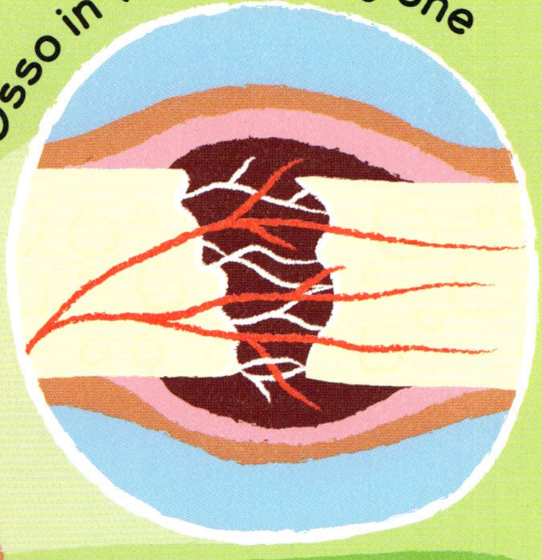

3 Nel punto della rottura si sviluppano tante nuove cellule e vasi sanguigni che riparano l'osso.

Un aiuto in più

I vaccini sono una variante più debole o innocua della malattia
Permettono al corpo di sviluppare le difese contro la malattia vera e propria.

POSSO... FARE UNA BELLA DORMITA

Mentre dormi, il corpo si riposa e si ripara, preparandosi per il giorno dopo. Assicurati che il letto sia comodo e non pieno di giocattoli. Cerca di dormire al buio e non giocare ai videogiochi prima di andare a dormire.

Hai una buona memoria?

È arrivato il momento di vedere che cosa hai imparato. Troverai tutte le informazioni per rispondere alle domande all'interno del libro.

1. Come si chiama la sostanza gelatinosa dentro le ossa?
2. Dove si trova il muscolo più grande?

3. Che tipo di articolazione c'è nella spalla?
4. Quale parte del corpo controlla tutte le altre?
5. Che cosa protegge la spina dorsale?
6. Come si chiama il foro nell'occhio che fa entrare la luce?
7. Dove si trovano le ossa più piccole del corpo?
8. Quali cellule del sangue combattono i germi?
9. Dove si deposita l'urina (la pipì) prima di lasciare il corpo?
10. Quando smettono di crescere le orecchie?

Risposte

1. Midollo.
2. Nel sedere.
3. Un'articolazione sferoidale
4. Il cervello.
5. Il midollo spinale
6. La pupilla
7. Nell'orecchio.
8. I globuli bianchi.
9. Nella vescica
10. Mai! Continueranno a crescere per tutta la vita.